Alberto Manguel

Fabelhafte Wesen

Dracula, Alice, Superman
und andere literarische Freunde

Aus dem Englischen von
Achim Stanislawski

Mit Zeichnungen des Autors

Diogenes

Die Originalausgabe erschien 2019 bei Yale University Press,
New Haven und London, unter dem Titel ›Fabulous Monsters‹
Copyright © 2019 by Alberto Manguel
c/o Schavelzon Graham Agencia Literaria, S.L.
www.schavelzongraham.com
Covermotiv: Zeichnungen von Alberto Manguel
Copyright © Alberto Manguel

Der Diogenes Verlag wird vom Bundesamt für Kultur
für die Jahre 2021–2024 unterstützt

*Für die Prinzessinnen liebende Amelia
und für Olivia, die Drachen bevorzugt.*

Inhalt

Vorwort

»Was ist – denn – das?«, sagte das Einhorn schließlich.

»Ein Kind!,« erwiderte Hasa eifrig und trat dabei vor Alice hin, um sie vorzuführen, wobei er beide Hände in einer germanischen Urstellung gegen sie ausstreckte. »Erst heute gefunden! In natürlicher Größe, und zweimal so echt!«

»Ich dachte immer, das seien Fabelwesen!«, sagte das Einhorn. »Lebt es noch?«

»Es kann noch sprechen«, sagte Hasa ernst.

Das Einhorn sah Alice träumerisch an und sagte: »Sprich, Kind!«

Da musste Alice nun doch unwillkürlich lächeln, und sie sagte: »Also weißt du, ich dachte immer, Einhörner seien Fabelwesen! Ich habe noch nie eins lebendig gesehen.«

»Na, jedenfalls haben wir uns jetzt gesehen«, sagte das Einhorn, »und wenn du an mich glaubst, glaube ich auch an dich. Einverstanden?«

Lewis Carroll, Alice hinter den Spiegeln

Touristenführer bieten Touren auf den Spuren von Odysseus und Don Quijote an. Von so manchem zerfallenem Gemäuer heißt es, es habe dereinst Desdemonas Schlafzimmer oder Julias Balkon beherbergt. Ein kolumbianisches Dorf behauptet, es sei höchstpersönlich das Macondo des Aureliano Buendía aus *Hundert Jahre Einsamkeit,* und das kleine Eiland Juan Fernández rühmt sich gar, dereinst jenen ungewöhnlichen Kolonisator namens Robinson Crusoe aufgenommen zu haben. Die Britische Post hatte Jahr um Jahr mit Wagenladungen von Briefen zu kämpfen, die an einen gewissen Sherlock Holmes, Esq., in 221B Baker Street verschickt wurden, während gleichzeitig ein gewisser Charles Dickens einen nicht enden wollenden Strom an Beschwerdebriefen zugestellt bekam, in denen sich seine Leser bitterlich über den Tod der kleinen Nelly in *Der Raritätenladen* beklagten. Die Wissenschaft erklärt uns, dass wir von Geschöpfen aus Fleisch und Blut abstammen, doch insgeheim wissen wir, dass wir Söhne und Töchter von Phantasmen aus Papier und Tinte sind. Vor langer Zeit schrieb der spanische Dichter Luis de Góngora:

Mit seinen Traumgestalten
auf seiner luft'gen Bühne
zeigt der Traum
Schatten von schönem Wuchs

Der Ausdruck »Fiktion« stammt, etymologischen Wörterbüchern zufolge, von lateinisch »fingere« ab, was so viel wie »kneten« oder »aus Ton formen« bedeutet. Die Fiktion ist so etwas wie ein aus Worten statt aus Staub nach unserem Abbild geformter Adam, dem sein Schöpfer Leben einhaucht. Ja, erfundene Figuren sind oft sogar – wenn sie nur gut genug erträumt sind – wandelbarer als unsere Freunde aus Fleisch und Blut. Anstatt sich brav an den Ablauf der Handlung zu halten, ändern sie bei jeder neuen Lektüre ein wenig ihre Gestalt, lassen bestimmte Szenen heller erstrahlen und andere in den Hintergrund treten. Plötzlich kommt eine überraschende Episode zutage, die wir mysteriöserweise völlig vergessen hatten, oder ein neues Detail tritt hervor, das wir bislang überlesen hatten. Heraklits berühmter Ausspruch bewahrheitet sich einmal mehr: Man kann nicht zweimal in dasselbe Buch steigen. Wir Leser aber sind es gewohnt, dass sich uns die Welt auf Buchseiten offenbart.

Als Alice in *Hinter den Spiegeln* den gefährlich auf einer Mauer balancierenden Humpty Dumpty (auf Deutsch Goggelmoggel genannt) trifft, fragte sie ihn besorgt, ob er nicht meine, er sei sicherer unten auf dem Boden.

»Natürlich meine ich das nicht. Denn wenn ich *wirklich* herunterfiele – davon kann freilich keine Rede sein – aber *angenommen* –«, und nun schürzte er die Lippen und sah so feierlich und gewichtig drein, dass Alice sich kaum mehr das Lachen verbeißen konnte, »– *angenommen,* ich fiele herunter«, fuhr er fort, »so hat der König versprochen – ganz recht, du kannst ruhig erbleichen! Darauf warst du nicht gefasst, wie? Der König hat mir versprochen – in eigener Person – er will mir – will mir –«
»All seine Reiter senden«, fiel Alice ihm etwas vorwitzig ins Wort.
»Da hört sich doch alles auf«, rief Goggelmoggel mit plötzlichem Zorn. »Du hast spioniert und gelauscht – hinter Türen – unterm Gebüsch – und im Schlot – sonst hättest du das nicht gewusst!«

»Aber nicht doch!«, sagte Alice mit großer Sanftmut. »Das kommt in einem Buch vor.«

Kein passionierter Leser findet die Erklärung von Alice befremdlich.

Shakespeare und Cervantes werden auf der ganzen Welt verehrt – wir wissen dank Porträts auch in etwa, wie sie ausgesehen haben –, und doch sind sie uns viel weniger vertraut als ihre unsterblichen Figuren. König Lear, Lady Macbeth, Don Quijote und Dulcinea sind feste Größen, selbst für jene, die die Bücher nie gelesen haben. Wir wissen mehr über das komplizierte Seelenleben von Dido und Don Juan als über das Privatleben eines Vergil oder Molière, und das wenige abermals durch Werke, die andere Autoren über sie geschrieben haben, wie zum Beispiel Hermann Broch und Michail Bulgakow. Wir Leser wissen, dass Träume der Stoff sind, aus dem die Welt gemacht ist.

Auch Dante war sich darüber im Klaren. Im vierten Gesang des *Infernos* – nachdem sie das schreckliche Höllentor mit der Warnung, alle Hoffnung fahren zu lassen, durchschritten haben – führt Vergil Dante zu jenem herrschaftlichen Schloss, in dem die rechtschaffenen, aber vor der Ankunft Christi geborenen Seelen ausharren. Unter den Männern und Frauen mit ruhigen und ernsten Augen bemerkt Dante auch den von Vergil besungenen Helden Aeneas, bedenkt ihn aber nur mit zwei Worten: ed Enea. Da er Vergil zu einer seiner drei Hauptpersonen erkoren hat, darf dessen eigene Erfindung (Aeneas) sich nicht zu sehr in den Vordergrund drängen. Aeneas ist in der *Göttlichen Komödie* nur so etwas wie ein flüchtiger Schatten, damit sich stattdessen die aus Dantes

Feder stammende Figur des Vergil in der Vorstellungskraft der Leser festsetzt. Vergil ist nicht mehr nur der bloße Autor der *Aeneis,* sondern wird zum treuen Begleiter Dantes auf dessen Weg durch die Hölle.

Dank eines etwas schrulligen Lehrers kam ich schon während meiner Schulzeit mit den Schriften von Edmund Husserl in Berührung, die unsere jugendlich-idealistischen Geister elektrisierten. Während ein Großteil der Erwachsenenwelt darauf bestand, dass nur Handfestes Beachtung verdiente, betonte Husserl, dass auch zu vermeintlich nicht existenten Dingen eine tiefe Bindung bestehen kann. Soweit wir wissen, existieren Meerjungfrauen und Einhörner nicht als normale Lebewesen – obwohl mittelalterliche chinesische Bestiarien sagen, sie seien einfach nur sehr scheu, darum bekomme man sie nicht zu Gesicht. Und doch entwickeln wir, indem wir uns mit ihnen beschäftigen, auch zu imaginären Wesen ein Verhältnis, etwas, das Husserl höchst unpoetisch als »dyadische Beziehung« beschreibt. Über die Jahre bin ich Hunderte von solchen Beziehungen eingegangen.

Nicht jede Figur wird ein enger Freund, nur die heiß geliebten begleiten uns über viele Jahre hinweg. Ich für meinen Teil kann der zweifellos herzergreifenden Geschichte von Renzo und Lucia in den *Promessi Sposi* oder von Mathilde de la Mole und Julien Sorel in *Rot und Schwarz* ebenso wenig abgewinnen wie der Geschichte der statusbewussten Familie Bennet aus *Stolz und Vorurteil.* Ich fühle mich dem rächenden Zorn eines Grafen von Monte Christo näher, dem unerschütterlichen Selbstvertrauen einer Jane Eyre und der Melancholie des klugen Monsieur Teste von Valéry. Meine engen Freunde sind Legion: Chestertons *Der Mann, der Donners-*

tag war hilft mir, mit den Absurditäten des Alltags klarzu-
kommen. Priamus lehrt mich, den Tod jüngerer Freunde zu
betrauern, und Achill, die geliebten Alten zu beweinen. Rotkäppchen und Dante geleiten mich durch die dunklen Wälder
auf meinem Lebensweg. Sanchos Nachbar Ricote, den man
vertrieben hat, bringt mir etwas über die niederträchtige Natur von Vorurteilen bei. Und es gibt noch so viele mehr!

Das vielleicht größte Faszinosum an literarischen Figuren
ist ihr Facettenreichtum. Kaum je bleiben sie zwischen den
Deckeln eines Buchs eingesperrt, egal wie breit oder schmal
der ihnen dort zugedachte Platz ausfällt. Hamlet ward unter
den Blendarkaden von Schloss Helsingör als ein kleiner Erwachsener geboren und starb, immer noch jung, inmitten von
Leichen in dessen Speisesaal. Und doch blieb folgenden Generationen die freudianische Konstellation in seiner Kindheit
nah, die sich zwischen den Zeilen erahnen lässt, und machte
er postum politisch Karriere. Während des Dritten Reichs
wurde Hamlet gar zur populärsten Figur auf deutschen Büh-
nen. Auch andere Figuren gingen mit der Zeit. Der Däum-
ling ist zu fast normaler Größe herangewachsen, Helena ist
mittlerweile eine runzlige Alte, Balzacs Rastignac arbeitet
für den IWF, Odysseus wird als Schiffsbrüchiger an die Küste
Lampedusas angespült, Kim vom britischen Außenministe-
rium angeheuert, Pinocchio schmachtet mit anderen Kindern
in einem Auffanglager an der texanischen Grenze, und die
Prinzessin von Kleve gelangt in ein Marseiller Problemvier-
tel. Anders als ihre Leser, die altern und nie wieder jung sein
werden, sind literarische Figuren gleichzeitig jung und alt,
bleiben so, wie wir sie beim ersten Lesen kennengelernt haben, und sind gleichzeitig das, wozu sie durch unser späteres

Wiederlesen geworden sind. Damit ähneln sie allesamt der Meeresgottheit Proteus, dem Poseidon die Fähigkeit verliehen hatte, sich in jede beliebige Gestalt zu verwandeln.

»Ich weiß, wer ich bin«, antwortet Don Quijote in einem seiner frühesten Abenteuer, nachdem ein Nachbar versucht hat, ihn davon zu überzeugen, dass er keineswegs eine imaginäre Person aus einem seiner geliebten Ritterromane sei, »und weiß auch, dass ich nicht nur, was ich sagte, sein kann, sondern auch alle zwölf Pairs von Frankreich und noch dazu alle neun Helden; denn alle ihre Taten, die sie alle zusammen und jeder einzeln für sich getan haben, vergleichen sich nicht mit den meinigen.« Don Quijote beansprucht die Taten aller Helden, von denen er gelesen hat, für sich selbst.

Und das kommt so: Die Wörter »Sympathie« und »Empathie« haben die griechische Wurzel »pathos« gemeinsam, was »ertragen oder durchmachen« bedeutet. (Das Wort »empathes«, was so viel wie »stark betroffen« bedeutet, taucht nur sporadisch im griechischen Korpus auf. Aristoteles zum Beispiel benutzt den Begriff nur ein einziges Mal im sechsten Buch seiner Schrift *Über den Schlaf,* um die intensive Furcht zu bezeichnen, die ein Feigling empfindet, wenn er im Traum seine Feinde nahen sieht.) Erst im modernen Sprachgebrauch ist das Wort Empathie geläufiger. In Umlauf gebracht wurde es vom Psychologen Edward Bradford Titchner von der Cornell University, der 1909 den Begriff als englische Übersetzung für das deutsche Wort »Einfühlung« vorschlug. Nach Titchner handelt es sich bei diesem emotionalen Vorgang des »sich Einfühlens« um eine Strategie, die wir anwenden, um in Dingen und Umständen außerhalb unseres Selbst (zum Beispiel im Traum des Feiglings bei Aristoteles) Lösungen für unsere inneren Konflikte zu finden. Empathie, schreibt Titchner, trage zur Heilung des Selbst bei.

David Hume hat dies schon ein wenig früher erkannt. In seinem 1738 erschienenen *Traktat über die menschliche Natur* beobachtet er: »Es ist bekannt, dass wenn wir mit den Meinungen und Leidenschaften anderer sympathisieren, diese Bewegungen in unserer Seele anfänglich bloße Begriffe sind, und dass wir sie uns ebenso als einem anderen angehörig vorstellen, wie jede andere äußere Begebenheit. Es ist also offenbar, dass die Begriffe von den Leidenschaften anderer wirklich in die Impressionen, auf welche sie sich anfänglich bloß beziehen, verwandelt werden, und dass die Leidenschaften den Bildern gemäß entstehen, die wir uns von ihnen machen.« Husserl würde wohl ergänzen, dass diese anderen nicht zwangsläufig aus Fleisch und Blut sein müssen.

Meine eigene Lebenserfahrung ist husserlianisch. Wir können unseren Lebensweg auf verschiedene Weise beschreiben: durch die Orte, wo wir gelebt haben, durch die Träume, die wir einst hatten oder an die wir uns noch erinnern können, durch besondere Begegnungen mit uns wichtigen Personen oder einfach durch einen chronologischen Abriss. Ich verstehe mein Leben als ein unablässiges Lesen in den Seiten vieler Bücher. Meine Lektüren sind mein innerer Kompass, sie machen fast die Gesamtheit meiner Erfahrungen aus, und ich kann so gut wie alles, was ich über die wesentlichen Dinge weiß und glaube, auf einen bestimmten Paragrafen oder sogar eine einzelne Zeile in einem meiner Bücher zurückführen.

Großartigerweise spiegeln die von fernen Zeiten und Orten berichtenden Seiten oft auch unsere heutigen Erfahrungen wider. In unserer eigenen, notleidenden Zeit wird uns der umherirrende Odysseus gegenwärtig angesichts erzwungener Flucht, der unermüdlich hoffenden Flüchtlinge und der an Europas Küsten angespülten Asylsuchenden. Für eine 1992 von der Universität Guadaljara in Mexiko durchgeführte Studie beschrieb einer der Migranten den Versuch, in die Vereinigten Staaten zu gelangen, so: »Der Norden ist wie das Meer ... Wer als Illegaler reist, wird mitgeschleppt, als Schwanz eines Tieres, als Abfall. Vor meinem inneren Auge sah ich, wie die See den Abfall an den Strand spült, und sagte mir, es ist genauso, als wäre ich auf dem Ozean und würde hin und her geworfen von den Wellen.« Dieselbe Erfahrung beschreibt Odysseus, nachdem er in einem neuen Versuch, Ithaka zu erreichen, Kalypso verlassen hat und nun fürchten muss, ein schmachvolles Ende zu finden. »Also sprach er; da schlug die entsetzliche Woge von oben / Hochherdrohend herab, dass im Wirbel der Floß sich herumriss / Weithin warf ihn der Schwung des erschütterten Floßes und raubte / Ihm aus den Händen das Steur; und mit Einmal stürzte der Mastbaum / Krachend hinab vor der Wut der fürchterlich sausenden Windsbraut. / Weithin flog in die Wogen die Stang' und das flatternde Segel. / Lange blieb er untergetaucht, und strebte vergebens, / Unter der ungestüm rollenden Flut sich empor zu schwingen; / Denn ihn beschwerten die Kleider, die ihm Kalypso geschenket. / Endlich strebt' er empor und spie aus dem Munde das bittre / Wasser des Meers, das strömend von seinem Scheitel herabtroff. / Dennoch vergaß er des Floßes auch selbst in der schrecklichsten Angst nicht, / Sondern schwang sich ihm nach durch reißende Fluten, ergiff ihn, / Setzte sich wieder hinein und entfloh dem Todesverhängnis. / Hiehin und dorthin trieben den Floß die Ströme des Meeres. / Also treibt im Herbst der Nord die verdorrten Disteln / Durch die Gefilde dahin [...]«

Liebe, Tod, Freundschaft, Verlust, Dankbarkeit, Bestürzung, Leid und Angst, über all diese Emotionen und sogar über meine eigene, sich wandelnde Identität habe ich durch meine Leseerfahrungen viel mehr gelernt als von meinem Schatten im Spiegel oder meinem plötzlich in den Augen eines anderen gewahrten Spiegelbild. George Eliot liefert hierzu diese Zeilen in *Das öde Land:*

Und ich werde dir etwas zeigen, das anders ist als
Der Schatten, der dir morgens nachläuft,
Und als der Schatten, der dich abends einholt;
Ich zeige dir die Angst in einer Handvoll Staub

Genau so empfinde ich es auch.

Die früheste »Handvoll Staub«, die mir beibrachte, was Angst ist, war der attraktive Bräutigam in Grimms Märchen, dessen versprochene Braut heimlich zu seinem Haus schleicht und dabei entdeckt, dass er der Hauptmann einer Räuberbande ist. Hinter einem großen Fass versteckt sieht sie, wie ihr Bräutigam und seine Bande eine schreiende und weinende Jungfrau in das Haus schleppen. »Sie gaben ihr Wein zu trinken, drei Glas voll, ein Glas weißen, ein Glas rothen, und ein Glas gelben, davon zersprang ihr das Herz. Darauf rissen sie ihr die feinen Kleider ab, legten sie auf den Tisch, zerhackten ihren schönen Leib in Stück und streuten Salz darauf.« Selbstredend endet die Geschichte mit der Bestrafung der Räuber für ihre schändlichen Taten. Für mich jedoch war es damit nicht zu Ende. Stevenson schreibt von einem wiederkehrenden Albtraum von einem gewissen Braunton, dem er am Tag keine Bedeutung zumaß, der ihn jedoch im Schlaf unsagbar peinigte und in Angst versetzte. Ich für meinen Teil wurde endlose Nächte von den drei Farben des Weins verfolgt, die ihr prismatisches Licht auf die zerstückelten Glieder der unglücklichen Jungfrau warfen.

Weil mein Vater Diplomat war, verbrachte ich einen Großteil meiner Kindheit auf Reisen. Der Raum, in dem ich schlief, die Sprache, die draußen auf der Straße gesprochen wurde, die Landschaft um mich herum wechselten ständig. Einzig meine kleine Bibliothek blieb gleich. Ich erinnere mich lebhaft an die große Erleichterung, wenn ich – wieder einmal in ein unvertrautes Bett gesteckt – eines meiner Bücher aufschlug und an der vertrauten Stelle die gleiche Geschichte und dieselben Illustrationen wiederfand. Zuhause, das war ein Ort in meinen Geschichten, zwischen den Buchdeckeln, mit seinen Buchstaben darin. Als der Maulwurf im englischen Kinderbuchklassiker *Der Wind in den Weiden* nach manchen Abenteuern in der großen weiten Welt in sein kleines Zuhause zurückkehrt, bemerkt er mit einem Blick in die Runde verwundert, wie einfach und schlicht es ist und wie viel es ihm dennoch bedeutet. Ich erinnere mich, wie eifersüchtig ich auf die Gewissheit des Maulwurfs war, solch ein Daheim zu haben: »Und doch war es schön zu wissen, dass er nach all den Abenteuern in der oberen Welt jederzeit wieder in seine kleine Welt hier unten zurückkehren konnte. Hier fühlte er sich geborgen und zu Hause.«

Als ich acht wurde und wir nach Buenos Aires zurückkehrten, entdeckte ich die Liebe. Dort bekam ich ein eigenes Zimmer, wo ich meine Bücher um mich haben konnte. Die

Liebe kam – und mit ihr die Angst – in Form eines Grimmschen Märchens. *Die wahre Braut* ist eine subtilere Version der Aschenputtelgeschichte, in der die Liebenden von Anfang an wissen, dass sie füreinander bestimmt sind, und nachdem ihre Liebe durch mancherlei Hindernis auf die Probe gestellt wird, schließlich glücklich zusammenleben. Da wusste ich, dass irgendwo meine noch unbekannte Liebe auch auf mich wartete. Später in meinen Jugendjahren, als ich die ersten Stiche des erotischen Verlangens spürte, fürchtete ich mich schrecklich, meine Gefühle zu offenbaren, aus Furcht, meine Direktheit könnte als zu offensiv und abschreckend interpretiert werden. Julias unsterbliche Worte aber warnten mich gleichzeitig vor übertriebener Schüchternheit: »Doch dächtest du, ich sei / Zu schnell besiegt, so will ich finster blicken, / Will widerspenstig sein und Nein dir sagen; / So du dann werben willst: sonst nicht um alles!« Ich folgte ihrem Rat mit gemischtem Ergebnis.

Als ich mich schließlich zum ersten Mal ernsthaft verliebte und versuchte, diesen Gefühlstaumel aus Verwirrung, Seligkeit und Triumph zu verarbeiten, half mir dabei die letzte Zeile in Kiplings Roman *Kim:* »Er kreuzte die Hände in seinem Schoß und lächelte, wie ein Mensch lächeln mag, der Erlösung gewonnen hat für sich und die, die er liebt.« Für meine kopflose Hingabe fand ich ein Echo in den Worten des im wortwörtlichen Sinne kopflosen Ling aus Marguerite Yourcenars orientalischem Märchen *Wie Wang Fo gerettet wurde.* Als Wang Fo den Geist seines Schülers Ling sieht, sagt er: »Ich glaubte dich tot?« Woraufhin der über den Tod ergebene Ling antwortet: »Wie hätte ich sterben können, da Ihr am Leben seid?« Ja, wie könnte er.

In *Die blinde Eule* versichert uns Sadegh Hedayat, dass unser ganzes Leben lang der Finger des Todes auf uns deutet. Dank Büchern wie der *Blinden Eule* habe ich das Gefühl, zumindest eine Ahnung von jener mit dem Finger auf uns zeigenden Gestalt zu haben, was mir helfen könnte, wenn es so weit ist. Zum Beispiel weiß ich, dass etwas mit uns geschieht, es nicht einfach ein anderer Zustand ist. Als der Erzähler in André Malrauxs Roman *Der Königsweg* seinen Freund beim Sterben begleitet, flüstert dieser plötzlich: »Es gibt keinen … Tod … Es gibt nur … *mich … mich … der sterben wird.*«

Tolstois Iwan Iljitsch lieferte mir eine der schönsten Beschreibungen, wie es sich anfühlen mag, wenn der Tod kommt: »Ihn überkam ein Gefühl, wie er es im Eisenbahnwagen gehabt hatte, wenn man glaubt vorwärts zu fahren, in Wahrheit aber rückwärts fährt und plötzlich die wahre Richtung erkennt.« Ich glaube, ich weiß genau, was Iwan Iljitsch meint. Doch wenn ich mir einen Tod aussuchen könnte, dann wäre es der des Schriftstellers Bergotte in Prousts Monumentalwerk *Auf der Suche nach der verlorenen Zeit:* »Er wurde begraben, aber während der ganzen Trauernacht wachten in den beleuchteten Schaufenstern seine jeweils zu dreien angeordneten Bücher wie Engel mit gefalteten Flügeln und schienen ein Symbol der Auferstehung dessen, der nicht mehr war.«

In Momenten der Ungewissheit, des Zweifels und Kummers war mir der gute Rat der Vogelscheuche für Dorothy, als sie den Dunklen Wald betreten, stets lehrreich: »Wenn die Straße in den Wald hineinführt, muss sie auch wieder aus ihm herausführen. Und weil die Smaragdene Stadt am Ende der Straße liegt, müssen wir der Straße folgen, egal, wie sie verläuft.« In der Tat. Und wenn unsere Begleiter nicht so ermutigend wie die Vogelscheuche sind, denke ich an den alten Vater in Juan Rulfos Geschichte *Hörst du die Hunde nicht bellen?*, der seinen verwundeten Sohn Ignacio auf dem Rücken ins nächste Dorf zum Arzt tragen muss. Ignacio versteht nicht, dass er seinen erschöpften Vater ermutigen könnte, indem er ihm vorlügt, er könne die Hunde des Nachbardorfes schon hören. »Und du hast sie nicht gehört, Ignacio?«, sagte der Vater, als sie endlich angekommen sind. »Hast mir nicht einmal damit helfen können, nicht einmal mit dieser Hoffnung!«

Freundschaft, Liebe und Fürsorge kann manchmal bedeuten, auf etwas zu lauschen, was noch nicht da ist – und es möglicherweise nie sein wird. Virginia Woolf gibt ganz zu Beginn ihres Buchs *Zum Leuchtturm* ein schönes Bild dieser frustrierten Hoffnung. Mrs. Ramsey verspricht ihrem sechsjährigen Sohn John dort einen Ausflug zum Leuchtturm, »wenn es morgen schön ist«. – »Bloß«, sagte sein Vater, als er vor der Fenstertür des Salons stehen blieb, »wird es nicht schön sein.« Woolf schreibt weiter: »Wäre eine Axt greifbar gewesen, ein Schürhaken oder sonst irgendeine Waffe, die ein Loch in die Brust seines Vaters gerissen und ihn auf der Stelle getötet hätte, James hätte sie ergriffen.« Auch ich fühle oft solche rachsüchtigen Impulse wie James und will mich an der betont sachlichen, paternalistischen Welt rächen, vor Wut sprachlos wie König Lear: »Ich will mir nehmen solche Rach an euch, / Dass alle Welt – will solche Dinge tun – / Was, weiß ich selbst noch nicht; doch solln sie werden / Das Graun der Welt.«

Meine literarischen Freunde helfen und beraten mich nicht nur in Sachen Liebe, Tod und Rache. Auch beim Schreiben können sie hilfreich sein. Der beste Ratschlag bei akuter Schreibblockade wurde mir von Harriet Vane gegeben, einer Autorin von Detektivgeschichten aus Dorothy L. Sayers Roman *Aufruhr in Oxford*. Der aristokratische Schnüffler Lord Peter Wimsey hat Vane in einer vorherigen Geschichte vor dem Galgen bewahrt und will sie nun heiraten. Aber wie kann sie eine Beziehung zu jemandem eingehen, dem sie ihr Leben verdankt? In *Aufruhr in Oxford* versucht Harriet einen Brief an Wimsey über einen delikaten Sachverhalt bezüglich seines Neffen zu schreiben, kann aber nicht die richtigen Worte finden. Nachdem sie wieder und wieder an der Schreibaufgabe gescheitert ist, sagt sie zu sich: »Was ist denn nur um Himmels willen mit mir los? Seit wann kann ich ein vorgegebenes Thema nicht mehr ganz normal abhandeln?« Und dann setzt sie sich hin und schreibt den Brief. Diese kleine Selbstermahnung hat mir öfter, als ich zählen kann, geholfen, eine Arbeit endlich zu erledigen.

So fabelhaft der Ratschlag ist, manchmal schaffe ich es einfach nicht, mich daran zu halten. Wie wenn der König in *Alice im Wunderland* zum weißen Kaninchen sagt: Fang an beim Anfang, und mach weiter, bis du ans Ende kommst; dann höre auf. Schaffe nicht, es Jo in *Little Women* gleichzutun, die sich in ihrem Raum einschließt, ihren »Schreibanzug« anzieht, »in einen Wörterwirbel« verfällt, wie sie das nennt, und mit Herz und Seele drauflosschreibt, »denn bevor sie nicht fertig war, konnte sie keine Ruhe finden«. Mir gelingt es nur selten, auf einen Schlag so viel kreative Energie aufzubringen.

Zu einem Grundstein meiner Überzeugung, wahrer als wahr – und sogar noch mehr mit den Jahren –, sind für mich die Worte geworden, die Abbot zu dem Buchmaler in Kip-

lings Geschichte *The Eye of Allah* sagt: »Für die Seelen-
schmerzen gibt es, außer Gottes Segen, nur eine Linderung
und das ist des Menschen Handwerk, Wissen oder andere
dem Geist hilfreichen Antriebe.« Für mich sind meine literarischen Freunde solche »hilfreichen Antriebe«.

Edmund Gosse erzählt in seiner hinreißenden Autobiografie *Vater und Sohn,* dass es im streng calvinistischen
Haushalt seiner Eltern keinerlei erfundene Geschichten gab.
»Während meiner ganzen Kindheit hörte ich von niemandem
die verheißungsvollen Worte ›Es war einmal‹. Man erzählte
mir von Missionaren, nicht aber von Seeräubern; Kolibris
waren mir bekannt, von Feen hatte ich nie etwas gehört. Jack
der Riesenjäger, Rumpelstilzchen und Robin Hood gehörten
nicht zu meiner Bekanntschaft, und obwohl ich etwas über
Wölfe wusste, kannte ich Rotkäppchen nicht einmal dem Namen nach. Nachträglich glaube ich doch, meine Eltern taten
nicht gut daran, alle Fantasien so ganz aus meiner Welt aus-
zuschließen. Sie wollten mich zur Wahrheit erziehen, machten aber aus mir einen positivistischen Skeptiker. Hätten sie
mich in den weichen Faltenwurf übernatürlicher Einbildung
gehüllt, mein Geist wäre vielleicht länger zufrieden und ohne
zu fragen ihren Spuren gefolgt.«

Ich hingegen wurde in meiner schon etwas zurückliegen-
den Kindheit in ebenjenen weichen Faltenwurf der Einbildung gehüllt. Die Spielgefährten meiner Generation waren
Pippi Langstrumpf, Pinocchio, Sandokan der Pirat und der
Magier Mandra. Die der heutigen Kindergeneration sind
wohl Harry Potter und seine Freunde und Maurice Sendaks
Wilden Kerle. Alle diese fabelhaften Wesen sind uns bedin-
gungslos treu, unsere vielen Schwächen und Fehler können

sie davon nicht abbringen. Selbst wenn sich heute meine alten Knochen bemerkbar machen, sowie ich ins unterste Regalbrett greifen will, ruft mich weiterhin von dort Sandokan zu den Waffen, nimmt Mandra mich mit auf seinen Rachefeldzug gegen Verbrecher und andere Narren, erklärt mir Pippi mit großer Geduld wieder und wieder, dass ich mich nicht um Konventionen scheren, sondern meiner eigenen Nase folgen soll, und Pinocchio fragt mich ein ums andere Mal, warum es nicht ausreicht, ehrlich und gut zu sein, um glücklich zu werden – selbst wenn die Fee mit den dunkelblauen Haaren das behauptet. Und wie in den längst vergangenen Tagen unserer ersten Begegnung versuche ich vergeblich, die richtige Antwort für ihn zu finden.

Monsieur Bovary

Er spielt die zweite Geige, ist von den beiden der Nüchterne, der weniger Impulsive, fällt eher durch seine vornehme Zurückgezogenheit auf. Er ist derjenige, mit dem sich Flaubert nicht identifiziert. Er liefert Emma den Vorwand für ihre Untreue, auch wenn er nie Treue von ihr verlangt hat. Er führt ein ehrbares, geregeltes, von harter Arbeit geprägtes Leben, nichts erwartend als ein wenig stille Zufriedenheit und ein Leben ohne Überraschungen. Es stimmt wohl, es fehlt ihm an Charme. Kein Mensch hat je eine alles verzehrende Leidenschaft für ihn empfunden. Man kann sich nicht vorstellen, wie er des Nachts über den Balkon bei einer Geliebten einsteigt oder ein Duell auf einer schneebedeckten Lichtung ausficht. Und doch ist Monsieur Bovary eine absolut notwendige Gestalt. Nicht zufällig beginnt und endet das Buch mit ihm und nicht mit Emma. Ohne ihn würde es Emma an Bedeutung fehlen, ohne ihn wäre sie nie zu jener romantischen Heldin geworden, hätte weder wahres Verlangen noch ekstatische Verzückung gekostet. Seien wir ehrlich: Monsieur

Bovary ist allein dazu da, dass Madame ihr tragisches Schicksal erfüllt.

In Tat und Wahrheit fehlt es Charles Bovary an Vorstellungskraft. Sein lethargisches Verhalten ist das Ergebnis eines farblosen Lebens in Schwarzweiß. Schon als Junge ist er eher ein Sonderling. Auf den ersten Seiten des Buchs beschreibt ihn Flaubert als einen tapsigen und verschüchterten Heranwachsenden, der, vom Lehrer aufgefordert, kaum seinen Namen herausbringt. Er erweckt weder Vertrauen noch Zuneigung. Bereits an seinem ersten Tag im Gymnasium verdonnert der Lehrer ihn dazu, den Satz *»ridiculus sum«* zwanzigmal abzuschreiben. Der Junge beschwert sich nicht über diese Strafaufgabe. Später beschließt der Vater, dass er Medizin studieren soll, während die Mutter das Haus auswählt, in dem er fortan lebt. Charles, der nun Monsieur Bovary heißt, lässt andere über sich entscheiden.

Auch die Wahrheit der Kunst ist ihm unzugänglich. Die romantisch-verträumten Romane – er nennt sie »Damenliteratur« –, in denen Emma ihre Vorbilder findet, bleiben für ihn ein Schloss mit sieben Siegeln. In Monsieur Bovarys Welt ist einfach kein Platz für Fiktion. Einmal besucht er zusammen mit Emma eine Aufführung der *Lucia di Lammermoor.* Angesichts der wilden Leidenschaft, mit der Edgar auf der Bühne seine Liebe zu der Titelheldin deklamiert, fragt er verwundert: »Warum verfolgt sie denn dieser Edelmann?« »Aber nein«, antwortet Emma ungeduldig, »es ist doch ihr Geliebter.« Doch Charles kann der Handlung nicht folgen, woraufhin Emma ihn mit einem ungeduldigen »Sei still!« zum Schweigen bringen will. Charles versteht nicht, was er falsch gemacht hat, und verteidigt sich, er wolle einfach gerne verstehen, was vor sich geht. Emma kann ihm nicht begreiflich machen, dass diese tiefe Leidenschaft, die man in der Oper vorgeführt bekommt, auch im wahren Leben nicht erklärt werden kann. Man kann sie entweder in sich selbst finden oder wird sie nie verstehen. In solchen Belangen bleibt Monsieur Bovary ein Außenstehender.

Lucias tragische Geschichte und die Musik von Donizetti wecken in Emma Erinnerungen an ihren Hochzeitstag. Verglichen mit der auf der Bühne ausagierten, ekstatischen Leidenschaft scheint ihr das Glück jener längst vergangenen Stunden »nichts als eine Lüge, ausgedacht als unerreichbares Vorbild für das Verlangen«. Was für ein eigentümlicher Gedanke. Für Emma entsteht die Kunst nicht aus unseren Leidenschaften, sondern, um einem Mangel an Verlangen abzuhelfen. Was verrät uns das über Flaubert, der ein Leben lang sich seine erotischen Fantasien erfüllte oder zu erfüllen suchte? Wenn er selbst an das glaubte, was er Emma glauben lässt, woran sollen dann wir, seine Leser, glauben? An das Verlangen oder an die Kunst? Schließlich lautet das wohl bekannteste Zitat Flauberts: »Madame Bovary, c'est moi!«

Nicht alle berühmten Ehepartner in der Literatur sind derart zurückhaltend wie Monsieur Bovary. Andromache, Klytämnestra und Lady Macbeth sind ihren Gatten ebenbürtig oder nur etwas bedeutender. Andere wie Acerbas (der Mann der Dido), Donna Ximena (Frau des El Cid) und Alexei Alexandrowitsch Karenin (Annas Ehemann) fallen etwas blasser aus. Aber kaum jemand steht so diskret im Hintergrund und ist gleichzeitig so unbedingt nötig wie Charles Bovary.

An Leidenschaft und Fantasie, an Originalität und Charme mag es Monsieur Bovary mangeln, nicht jedoch an Liebe.

Denn Monsieur Bovary liebt seine Frau. Nach ihrem Tod bemüht er sich, sie nicht zu vergessen, und doch entgleitet ihr geliebtes Bild ihm Tag für Tag ein bisschen mehr, was den armen Mann zur Verzweiflung treibt. Nur in seinen Träumen sieht er sie noch genau so, wie sie war. Jede Nacht erscheint sie ihm, er geht auf Emma zu, doch sobald er sie in die Arme schließt, zerfällt sie zu einem Haufen verwesenden Fleischs.

Kurze Zeit später stirbt Monsieur Bovary in einem grandiosen Beispiel ausgleichender literarischer Gerechtigkeit auf derselben Gartenbank, auf der Emmas Affäre begann. Doch bevor er stirbt, vergibt er dem Liebhaber seiner Frau, versichert ihm, dass er keinen Groll hege, und ruft aus: »Das Schicksal ist daran schuld.« Es sind seine letzten Worte in dem Roman. So legt der maliziöse Flaubert dem armen Mann als eine Art postume Beleidigung dieses abgedroschene Klischee in den Mund, das gar nicht zu ihm zu passen scheint.

Wäre da nicht die Ironie der Geschichte. Die von Emma heiß geliebte trivial-romantische Literatur, die Flaubert von Herzen verachtete und welche zu Emmas Unglück nicht unwesentlich beigetragen hat, inspiriert Monsieur Bovary zu einem stimmigen Epitaph für sie. Für ihren Grabstein wählt er den grotesken Allgemeinplatz: *Amabilem conjugem calcas*, was so viel bedeutet wie: ›Du trampelst auf das Grab einer geliebten Ehefrau.‹ Es ist zwar zweifellos ein Klischee zu behaupten, allein das Schicksal sei für unser tragisch oder glücklich verbrachtes Leben verantwortlich. Und doch ist Charles Bovarys Liebesbeteuerung eine ewige, dichterische Wahrheit und darum beeindruckend.

Rotkäppchen

Die Namen literarischer Figuren können etwas verraten über ihre Hautfarbe (Schneewittchen), ihre Fähigkeiten (Zorro) oder ihre Größe (Däumeling). Bei anderen ist das Kleid vielsagend. Ein blutroter Überwurf verlieh jenem abenteuerlustigen Mädchen den Namen, das Charles Perrault gegen Ende des 17. Jahrhunderts erfand. Rotkäppchens zugleich höfliches und nassforsches Wesen verleiht ihr die Aura einer arglosen Verführerin und eine subtil attraktive Ausstrahlung. Kaum verwunderlich, dass Charles Dickens sie als seine erste Liebe bezeichnete und meinte, wenn er das Rotkäppchen doch hätte heiraten können, dann hätte er höchstes Glück gefunden.

Die Geschichte von Perrault ähnelt der späteren Version in den Märchen der Brüder Grimm: Rotkäppchens Mutter schickt sie los, damit sie der kranken Großmutter Brotkuchen und ein Buttertöpfchen bringe. Auf dem Weg dorthin trifft das Bauernmädchen auf den verschlagenen Wolf. Dieser lenkt sie vom rechten Weg ab – sie geht Haselnüsse sammeln und jagt

Schmetterlingen hinterher. Wohlbekannt ist auch das tragische Schicksal der Großmutter (das an Jona und den Wal sowie an den Pinocchio erschaffenden Geppetto erinnert) und die Befragung des sich als harmlose Großmutter ausgebenden Wolfs durch das Mädchen, dessen Antworten ihn als Schurken offenbaren (ein in vielen Märchen verwendetes Motiv).

In den altisländischen Göttergeschichten der *Prosa-Edda* findet sich ein Vorläufer dieser Geschichte. Dort muss der Trickster-Gott Loki dem Riesen Thrym erklären, warum die ihm versprochene Verlobte (die niemand anders als der verkleidete Donnergott Thor ist) einen so ausgesprochen undamenhaften Appetit an den Tag legt.

»Wo sahst du Bräute gieriger beißen? Ich sah nie Bräute breiter beißen, noch mehr Met ein Mädchen trinken«, sagt der verdutzte Thrym, nachdem er mitangesehen hat, wie die angebliche Dame acht große Lachse und einen ganzen Ochsen verschlungen hat.

Das, antwortet Loki, sei bloß der Vorfreude geschuldet. »Nicht aß sie acht Nächte, so begierig war sie auf Riesenheim.«

»Und warum sind erschreckend ihre Augen?«, fragt Thrym weiter, als er die grimmig blinkenden Augen hinter dem Schleier sieht.

Das sei, weil sie vor lauter Vorfreude, antwortet Loki wieder, »acht lange Nächte nicht schlief, so begierig war sie auf Riesenheim«.

Ja, viele unserer Geschichten sind voller Travestien: Die Verkleidung einer Frau als Mann ist ein häufig auftretendes Stilmittel bei Shakespeare (Rosalind, Portia, Imogen und Viola), Shakespeare lässt aber auch Männer in Frauenkleider schlüpfen, wie der als Mistress Fords korpulente Tante verkleidete Falstaff in *Die lustigen Weiber von Windsor.* Huckleberry Finn verkleidet sich als ein Mädchen namens Sarah oder Mary, und Mr. Rochester mimt eine alte Weissagerin. Im Kinderbuchklassiker *Der Wind in den Weiden* verkleidet sich die Kröte als alte Waschfrau. In all diesen Werken entrinnen die Charaktere einem üblen Schicksal, indem sie die konventionelle geschlechtliche Identität unterlaufen.

Rotkäppchens Credo ist dabei dasselbe wie dasjenige Thoreaus: ziviler Ungehorsam. Die Befehle ihrer Mutter muss sie wohl oder übel befolgen, aber sie lässt sich dabei aufreizend viel Zeit. Die kürzeste Verbindung von A nach B ist nichts für sie. Einen Geistesverwandten findet sie in Holden Caulfield: »Das Dumme ist eben, dass ich es sogar gernhabe, wenn jemand abschweift. Das ist viel interessanter und so«, meint dieser in *Der Fänger im Roggen.* Nur weil Rotkäppchen vom Weg abweicht, kommt die ganze Geschichte um den finsteren Wald, den Wolf, den Holzfäller und die Großmutter in Gang. Ohne Rotkäppchens Abenteuerlust gäbe es die ganze Geschichte nicht.

In Zenons Paradoxon holt Achilles die Schildkröte niemals ein. Doch Rotkäppchen widerlegt Zenon mühelos. Sie kommt ans Ziel, gerade weil sie immer wieder anhält: Auf ihrem Weg findet sich ständig ein Grund für Abschweifungen, weil die Beeren gerade reif sind, weil es dort Nüsse zu sammeln und hier Blumen zu pflücken gibt. Sogar die Begegnung mit dem Wolf ist nur ein Zwischenstopp auf dem Weg zum Haus der

Großmutter (das sie dann auch erfolgreich erreichen wird), weil das ungehorsame Mädchen (ungehorsam gegenüber dem Gesetz der Mutter und dem der Vorsokratiker) nach eigenem Gutdünken die Orte auswählt, wo sie unterwegs anhält. Rotkäppchen ist eine Allegorie der individuellen Freiheit. Nicht von ungefähr erinnert ihre rote Mütze an Marianne, Sinnbild der Französischen Revolution.

Rotkäppchens Geschichte ändert sich, je nachdem, wer sie erzählt. In Perraults Urfassung wird sie vom Wolf verschlungen, und es findet sich niemand, der ihr hilft. In späteren Versionen erbarmt sich im letzten Moment ein heroischer Holzfäller, der das Mädchen aus den Fängen des Wolfs rettet und dann auch noch die Großmutter per Kaiserschnitt aus dem Bauch des Wolfs befreit. Bei Perrault steigt das Rotkäppchen zum Wolf ins Bett. Zwar beschreibt Perrault nicht genau, was dabei geschieht, doch dank der Moral, die seine Version des Märchens abschließt, können wir uns ein ziemlich gutes Bild davon machen, an was für eine Art Wolf er dabei gedacht haben dürfte. »Nicht alle Wölfe sind sich gleich. Es gibt die von gewandtem Wesen, die sind nicht laut, nicht rauh und wütend; sie tun sehr zahm, gefällig und so sanft und folgen dann den kleinen Fräulein bis in die Häuser, in die Kammern nach. Und ach, wer weiß nicht, dass grad diese Schmeichler von allen Wölfen doch die schlimmsten sind.«

Diese wölfische Strategie kommt oft genug zum Einsatz. Der berühmt-berüchtigte Abt von Choisy, ein Zeitgenosse Perraults, kannte solche Schliche. In seinen Memoiren erzählt er, dass er sich schon als Junge gerne verkleidete. In

Bourges, wo er seine Ferien in Mädchenkleidern verbrachte, machte er die Bekanntschaft einer gewissen Madame Gaillot, deren Tochter eine außergewöhnliche Schönheit war. Eines Abends schlug Madame Gaillot vor, ihr Gast, den sie für ein Mädchen hielt, könne mit ihrer Tochter im selben Bett schlafen. Der mit einem Rüschennachthemd und Nachthaube aufgetakelte junge Mann willigte nur allzu gerne ein. Ein Weilchen später hörte man die Tochter: »Ach! wie wohl mir ist!« – »Bist du endlich munter geworden, mein Töchterchen?«, rief die Mutter, als sie das Stöhnen der Tochter hörte. »Es ist wahr«, antwortete ihr das gewitzte Mädchen, »ich fror schrecklich, als ich zu Bett ging; nun ist mir warm, ich fühle mich sehr wohl.«

Ungefähr ein Jahrhundert nach den Eskapaden des Abts gewann Marquis de Sade der Geschichte von Rotkäppchen eine neue Lesart ab und warnte aus seiner Zelle in der Irrenanstalt von Charenton, es gebe keine Infamie, zu der der Wolf sich nicht versteigen würde, um seine Beute zu fangen.

Wenn das wahr ist und Rotkäppchen tatsächlich unweigerlich im Bett des Wolfs landet, so stehen ihr zwei Möglichkeiten offen. Sie kann sich in die Opferrolle begeben (so wie de Sade den Gedanken in *Justine oder die Leiden der Tugend* weiterspann) oder aber sich zur Herrin über ihr eigenes Schicksal aufschwingen (wie in de Sades *Juliet oder der Vorteil des Lasters*).

Beide Strategien haben Nachahmerinnen gefunden. In der Opferrolle sind Camille bei Dumas, Marianela bei Pérez Galdós und Little Dorritt bei Dickens. Herrinnen ihres Schicksals hingegen Shaws Mrs. Warren, Nabokovs Lolita und Vargas Llosas böses Mädchen. In Rotkäppchen ist beides angelegt. Als verführte Verführerin und keusche Sünderin durchstreift sie noch heute den Wald – ohne Angst vor hinterhältigen Wölfen und frei.

Dracula

Im 15. Jahrhundert regierte ein gewisser Vlad Draculesti, Fürst der Walachei, mit solcher Grausamkeit über einen großen Teil des heutigen Rumäniens, dass seine Untertanen ihn nach seiner liebsten Foltermethode nur Vlad den Pfähler nannten. Trotz der beträchtlichen Anzahl seiner Opfer, die in die Tausende gehen, und seiner berüchtigten Blutlust – so soll er bei einer Gelegenheit gesagt haben, der Geruch menschlichen Bluts sei ihm eine bessere Nahrung als jede noch so köstlich zubereitete Ente mit Pflaumen – war Vlad Draculesti gar

nicht so außergewöhnlich brutal, vergleicht man seine Untaten mit denen aus der langen Ahnenreihe ähnlicher Potentaten von Herodes über Nero, Stalin bis Pol Pot. Doch es war nun einmal dieser blutdürstige Erzfeind des Ottomanischen Reiches, dem die Musen ein literarisches Denkmal setzten.

1897 machte der Ire Bram Stoker, seines Zeichens Sekretär und Tourneeveranstalter des berühmten Schauspielers Henry Irving, seinen lang gehegten Traum von der Schriftstellerei wahr und veröffentlichte einen von der Vampirgeschichte seines Landsmanns Sheridan Le Fanu inspirierten Gruselroman, dessen Protagonist eine viktorianische Version des walachischen Prinzen ist. Freilich werden seine Opfer nun nicht mehr gepfählt, sondern gebissen. In diesem Buch wurde der hochmütige Draculesti zu einem transsilvanischen Grafen mit nur dreisilbigem Namen, ausgestattet mit den schauerlichsten Attributen: Blut, Gräber, tiefe Nacht, Kälte, Fledermäuse, Reißzähne und ein schwarzer Umhang. Vor allem aber jede Menge Blut.

In Stokers Geschichte ist Blut überall. Da ist das aristokratische Blut, das durch die Venen des uralten Grafen fließt. Da ist das Blut, das die anämische Kreatur Nacht für Nacht trinken muss. Da ist (implizit) das Blut unseres Heilands, verspottet durch die satanischen Rituale des Vampirs: Da ist als zeitgenössischer Hintergrund die mit dem Blut der Arbeiter geschmierte Maschinerie der industriellen Revolution, wovon sich die politische Macht der Mittelschicht nährt. Und da ist im Menschen der Kreislauf des Bluts, das am Hals heraussprudelt, Lebensquell und Echokammer des Orgasmus.

Die Geschichte von Dracula ist eine Geschichte von Nacken und Hals. Sie bilden die Bühne für Stokers Drama: die entblößten Hälse nachtwandelnder Frauen in durchsichtigen Negligés; die stolzen Nacken derjenigen, die aufbegehren und den Kopf hoch erhoben tragen; die zart pochenden Halsschlagadern seiner unschuldigen Opfer. Worin liegt die erotische Faszination des Halses? Shakespeares Zeitgenosse Maurice Scève vertrat die Auffassung, der Schöpfer habe, um die Schönheit nicht auf den kleinen Bereich des Gesichts allein zu beschränken, auch den Hals mit besonderem Liebreiz gesegnet, welchen Scève einen zarten Ast, die Säulen eines Altars, ein Lesepult für die Briefe der Venus und das hohe Kabinett der Keuschheit nennt.

Aber warum ist es ausgerechnet diese Stelle, wo Torso und Kopf ineinander übergehen, die die Lippen des Verführers, den Dolch des Mörders, das Beil des Henkers und die Fänge des Monsters auf sich lenkt? Warum zieht jene zarte Blöße die Hitze erotisierter Gewalt geradezu magisch an? Wohl weil hier mehr als an jedem anderen Ort das verborgene Netz aus Venen und Arterien aufscheint. Durch dieses mysteriöse Wurzelwerk will der Vampir in jenes dunkle unterirdische Reich vordringen, das womöglich zum Wesen unseres Seins führt. In der Gewissheit, wie wir alle zum Tode verdammt zu sein, sucht Graf Dracula dort die Quelle des Lebens.

Seit dem Erscheinen von Stokers Buch überschattet der finstere Graf die Träume aller Heranwachsenden, wenn sie in der Übergangszeit vom Kind zum Erwachsenen beginnen, sich nach dem unaussprechlichen Akt der Älteren zu sehnen, den sie gleichzeitig fürchten. Doch auch über den Träumen der Erwachsenen liegt dieser Schatten, wenn wir uns gegen Ende unseres Lebens nach dem unwiederbringlich Vergangenen sehnen: noch einmal straffe Haut unter tastenden

Händen zu spüren, noch einmal junges Blut durch Lippen und Herz pochen zu fühlen. An einer Stelle in seinem *Rosenroman* schreibt Jean de Meung, der Quell der Jugend führe nicht Wasser, er führe Blut.

Apostel des Bluts, Herrscher der Nacht, Eindringling in unsere Schlafzimmer und Träume. Todgeweiht, ist Graf Dracula dennoch nicht totzukriegen. Gegen ihn sind die Tricks eines Dr. Van Helsing wirkungslos, ebenso der Versuch des Autors, unter die Geschichte einen Schlussstrich zu ziehen. Wirkungslos sind die Kruzifixe und der Knoblauch, all die Satiren und Travestiespiele, die vorgeben, Dracula zur Lachnummer gemacht zu haben. Auch die harten Wissenschaften, welche seine Existenz zu widerlegen versuchen, sind machtlos gegen ihn. Graf Dracula lässt sich nicht verbannen, er ersteht immer wieder aufs Neue. Seine Reinkarnation im Werk von Autorinnen wie Stephenie Meyer und Anne Rice sind Legion – sowie die immer neuen Interpretationen, die Max Schreck, Bela Lugosi, Klaus Kinski und Tom Cruise in Verfilmungen der Figur hinzugefügt haben. Wir müssen uns mit der Tatsache abfinden: Graf Dracula ist ein notwendiges Monster geworden in unserer öden Zeit.

Alice

Wenige Wunder in der an Wundern doch so reichen Geschichte der Literatur sind vergleichbar mit der sagenhaften Geburt von Alice. Am 4. Juli 1862 nahm Reverend Charles Lutwidge Dodgson zusammen mit einem Freund die drei Töchter des Dekans von Christ Church, Dr. Liddell, auf eine nachmittägliche, insgesamt drei Meilen lange Bootstour mit, die Themse hinauf, bei Oxford. Die Mädchen wollten eine Geschichte hören, und so begann Reverend Dodgson aus dem Stegreif eine Erzählung über seine kleine, siebenjährige Freundin Alice. Alice Liddell erinnerte sich später an diesen magischen Nachmittag, wie Dodgson sich immer

wieder unterbrach, um die Kinder zu necken, indem er sagte: »Aber das sparen wir uns für das nächste Mal auf.« Und wie sie dann immer im Chor antworteten: »Aber nächstes Mal ist jetzt schon«, woraufhin er nach einigem Bitten in seiner Erzählung fortfuhr. Wieder zu Hause angekommen, bat Alice, ihr die Geschichte aufzuschreiben. Dodgson antwortete, dass er es versuchen werde, verbrachte die ganze Nacht damit und nannte sie *Alice's Adventures Underground*. Drei Jahre später, es war das Jahr

1865, erschien die Geschichte bei Macmillan in London unter dem Pseudonym Lewis Carroll mit dem Titel *Alice im Wunderland.*

Dass Caroll sich diese Abenteuer während des Bootsausflugs ausgedacht hat, ist kaum zu fassen. Es scheint wie ein Wunder, dass der Sturz ins Kaninchenloch, die merkwürdigen Entdeckungen und Begegnungen mit seltsamen Wesen, dass alle diese Syllogismen, Wortspiele und witzigen Beobachtungen in der von Fantasie sprühenden und dennoch stimmigen Geschichte improvisiert worden sind. Jedoch ist kein Wunder völlig unerklärlich, und es ist vorstellbar, dass Carrolls Buch tiefere Wurzeln hat, als seine Entstehungsgeschichte vermuten lässt.

Die Geschichten um Alice sind anders als andere Kinderbücher. Ihre eigentümliche Geografie erinnert an andere mystische Orte wie Utopia oder Arkadien. In der *Göttlichen Komödie* erfährt Dante auf dem Berg des Purgatoriums, dass das von den Griechen und Römern besungene Goldene Zeitalter nichts anderes als eine ferne Erinnerung an das verlorene Paradies sei. Vielleicht ist das Wunderland wiederum so etwas wie eine ferne Erinnerung an den Zustand radikaler Logik, die angesichts der von der Schicklichkeit diktierten Vorschriften als blanker Wahnsinn erscheinen muss. Wer Alice hinab ins Kaninchenloch und durch das Labyrinth der Herzkönigin folgt, wer mit ihr im zweiten Buch ins Reich hinter den Spiegeln geht, betritt keine weiße Landkarte. Selbst für die Liddell-Schwestern, die bei der Entstehung zugegen gewesen sein wollen, muss es ein seltsames Déjà-vu-Erlebnis gewesen sein. Das Wunderland war vom ersten Tag seiner Erschaffung an Teil der universellen Bibliothek, ähnlich wie der

Garten Eden, an den wir glauben, ohne je einen Fuß hineingesetzt zu haben. Das Wunderland – auch wenn es auf keiner Karte verzeichnet ist, denn, wie Melville sagt, »die wahren Orte sind das nie« – ist die Landschaft unserer Träume.

Denn die Welt von Alice ist natürlich unsere Welt. Nicht auf eine abstrakte, symbolische Art und Weise, nicht als durchkalkulierte Allegorie oder dystopische Fabel. Das Wunderland ist ganz einfach der Ort des alltäglichen Irrsinns, Himmel, Hölle und Fegefeuer inbegriffen – ganz einfach der wundervolle, von Wundern volle Ort, den wir auf unserem Lebensweg durchwandern. Und wie Alice sind auch wir für diese Reise mit nur einer einzigen Waffe gerüstet: der Sprache. Mit Worten bahnen wir uns einen Weg durch den Wald der Grinsekatze und über das Krocketfeld der Herzkönigin. Worte lassen Alice den Unterschied erkennen zwischen Schein und Sein. Erst ihr beständiges Fragen und Hinterfragen deckt den dem Wunderland innewohnenden Wahnsinn auf, der genau wie bei uns lediglich unter einer dünnen Firnis von Sitte und Anstand verborgen ist. Wir versuchen zwar, selbst dem Wahnsinn noch eine Logik abzugewinnen, so wie die Herzogin aus jeder Geschichte eine Moral ziehen will, ganz egal, wie absurd sie ist. Doch wie die Grinsekatze Alice erklärt, haben wir in dieser Hinsicht eigentlich gar keine Wahl: Ganz egal, welchen Weg wir einschlagen, wir werden unweigerlich unter Verrückte geraten. Deshalb müssen wir uns der Sprache so gut es geht bedienen, um den letzten Rest unserer geistigen Zurechnungsfähigkeit zu erhalten. Wörter zeigen Alice (und uns), dass als einzige unverrückbare Tatsache in dieser irremachenden Welt unter einer dünnen Schicht vorgeblicher Rationalität wir allesamt wahnsinnig sind. Wie

Alice sind wir immer kurz davor, uns selbst und alle um uns herum in unseren eigenen Tränen zu ertränken. Wie der Dodo glauben wir, ganz egal, in welche Richtung und wie abstrus inkompetent wir laufen, beim Proporz-Wettrennen einen Preis verdient zu haben. Wie das weiße Kaninchen geben wir nach links und rechts Befehle aus, als ob andere dazu verpflichtet oder gar geehrt wären, ihnen nachzukommen. Wie die Raupe zweifeln wir die Identität unserer Mitmenschen an und haben keinen Schimmer von der eigenen, selbst dort, wo sie auf der Kippe steht. Wie die Herzogin bestrafen wir die Jugend für ihr Verhalten, ohne uns im Geringsten um ihre Motive zu scheren. Wie der verrückte Hutmacher glauben wir, als Einzige Anrecht auf Speis und Trank an einem für viele Personen gedeckten Tisch zu haben, und bieten den Hungrigen und Durstigen Wein an, wenn kein Wein da ist, und Marmelade an jedem anderen Tag außer heute. Unter der Herrschaft von Despoten wie der Herzkönigin sind wir gezwungen, absurde Spiele mit ungeeigneten Hilfsmitteln zu spielen – Bälle, die wie eingerollte Igel davonkullern, und sich verbiegende Flamingos als Krocketschläger –, und wenn es uns nicht gelingt, den unerfüllbaren Anweisungen Folge zu leisten, wird uns mit Kopfabschlagen gedroht. Unsere Erziehungsmethoden sind, wie die Suppenschildkröte und der Greif Alice erklären, entweder überholt *(die Lehre vom Lachen und Trauern)* oder erziehen zur Selbstaufgabe *(Wie man einen Hummer ins Wasser wirft).* Unser Rechtssystem ist – hier schon lange vor Kafka beschrieben – wie dasjenige, welches am Ende den Herzbuben richten soll: undurchsichtig und unfair. Doch haben nur wenige von uns den Mut von Alice, die am Ende des ersten Buchs sich die Widerworte nicht mehr verkneift, sondern (buchstäblich) aufsteht und für ihre Überzeugungen eintritt. Aufgrund dieses edlen Akts zivilen Ungehorsams wird es Alice dann auch gestattet, aus dem Traum zu erwachen. Wir hingegen sind weiterhin in ihm gefangen.

Als Reisegefährten von Alice erkennen wir in ihren Abenteuern die auch in unserem Leben stets gegenwärtigen Themen: große Träume und deren Platzen, Tränen und Leid auf unserem Weg, der Kampf ums Überleben, erzwungene Knechtschaft, der Albtraum einer verzerrten Selbstwahrnehmung, disharmonische Familie, die Unterwerfung unter unsinnige Gerichtsbarkeit, Machtmissbrauch, pervertierte Lehren, der nie endende Kampf der Vernunft gegen die Unvernunft und das ohnmächtige Wissen über ungesühnte Verbrechen und unfaire Strafen. Diese Themen und der stets gegenwärtige Wahnsinn machen die beiden *Alice*-Bücher aus.

»Denn worin besteht die Tollheit«, heißt es im *Hamlet,* »als dass man gar nichts anders ist als toll?« Alice hätte dem zugestimmt. Es ist Wahnsinn, den Wahnsinn definieren zu wollen. Der Tolle hält alle anderen für toll, und daher stimmt das Urteil der Grinsekatze letztlich: »Hier sind alle verrückt.« Doch Alice ist nicht Hamlet. Sie wird nicht von bösen Träumen geplagt. Auch bläst sie nicht wie Hamlet Trübsal. Sie wähnt sich nicht als Opfer einer gespenstischen Verschwörung, und sie besteht nicht auf Beweisen für Dinge, die für jedermann offensichtlich sind. Und tatkräftig ist sie auch. Wörter sind für Alice nicht allein Wörter, sondern etwas Lebendiges, und das Grübeln allein macht eine Sache weder gut noch schlecht. Ganz sicher denkt sie nicht wie Hamlet »O schmölze doch dies allzu feste Fleisch«, genauso wenig, wie sie es amüsant findet, plötzlich in die Höhe zu schießen oder zu schrumpfen (obwohl sie, um durch die kleine Tür zum Garten zu passen, den Wunsch äußert, »ach, könnte ich mich wie ein Fernglas zusammenschieben«). Alice ist viel zu umsichtig, um einer vergifteten Klinge zum Opfer zu fallen oder, wie Hamlets Mutter, von einem Giftbecher zu trinken. Als Alice das Fläschchen mit der Aufschrift »Trink mich!« findet, schaut sie erst nach, ob da nicht irgendwo ein Zettel mit der Aufschrift »Vorsicht Gift« klebt, »denn sie hatte schon verschiedene schöne Geschichten von Kindern gelesen, die sich verbrüht hatten oder von wilden Tieren zerrissen worden oder in andere unangenehme Lagen gekommen waren, und alles nur, weil sie sich die leichten Regeln einfach nicht merken wollten, die ihnen freundliche Menschen mit auf den Weg gegeben hatten«. Alice ist viel vernünftiger als der Prinz von Dänemark.

Doch als sie im Haus des weißen Kaninchens festsitzt, mag Alice sich wie Hamlet gefragt haben, ob sie sich nicht in einer Nussschale sitzend als König (oder in diesem Fall Königin) über ein unermessliches Reich fühlen könnte. Alice belässt es aber nicht bei bloßen Gedankenspielen. In *Alice hinter den Spiegeln* arbeitet sie hart daran, ihre erträumte Krone zu bekommen. Die nach strengen viktorianischen und nicht laxen elisabethanischen Grundsätzen erzogene Alice glaubt im Unterschied zu Hamlet an die Werte Disziplin und Tradition. Für eitle Grübeleien und dafür, die Dinge vor sich herzuschieben, hat sie keine Zeit. Während ihres gesamten Abenteuers begegnet Alice, wohlerzogen wie sie ist, Unvernunft mit bestechender Logik. Instinktiv weiß Alice, dass wir durch die Logik dem Wahnsinn einen Sinn abgewinnen und seine geheimen Mechanismen aufdecken können. Sie wendet ihre Logik deshalb unerschrocken an, unterschiedslos auch gegenüber Älteren und Höhergestellten wie dem verrückten Hutmacher und der Herzogin. Und wenn ihre Argumente sich als nutzlos erweisen, besteht sie darauf, wenigstens auf die Absurdität des Wahns hinzuweisen. Als die Herzkönigin bei der Gerichtssitzung »zuerst die Strafe, dann das Urteil« fordert, steht Alice auf und erwidert völlig zu Recht: »Schluss mit dem Gefasel!« Das ist genau die Antwort, die die meisten Absurditäten in unserer Welt verdient haben.

Und trotzdem, trotz des alles durchziehenden Wahnsinns in der Geschichte, ahnen wir, dass allem ein verborgener Sinn zugrunde liegen könnte. Wenn wir nur irgendwie hinter das Gefasel und den Wahn kommen könnten, würden wir dort etwas finden, das alles erklärt. So abstrus die Abenteuer von Alice auch sind, reihen sie sich doch mit unheimlicher Genauigkeit und Stimmigkeit aneinander, sodass wir Lesenden den Eindruck bekommen, es gäbe tatsächlich einen alles umspannenden Sinn hinter dem Unsinn. Das Buch hat dadurch die Qualität einer Zen-Weisheit oder eines griechischen Paradoxes. Bedeutungsvoll und zugleich unerklärlich. Nur ein winziger Schritt trennt uns von der triumphalen Erkenntnis. Wir fühlen, wenn wir mit Alice ins Kaninchenloch fallen und sie auf ihrer Reise begleiten, dass der Wahnsinn des Wunderlands keineswegs beliebig oder unschuldig ist. Carrolls Geschichte, die zwischen Epos und Traum angesiedelt ist, lässt für uns die Umrisse eines Ortes zwischen Feenland und fester Erde erstehen. Ein Aussichtspunkt, von dem aus wir das in eine Geschichte übersetzte Universum begreifen können. Wie die mathematischen Formeln, von denen Carroll faszi-

niert war, sind auch die Abenteuer von Alice zugleich harte
Wirklichkeit und luftige Fantasien. Sie sind verankert in einer
Wirklichkeit aus Fleisch und Blut, und gleichzeitig wird in
ihnen die erlebte Wirklichkeit neu gedacht und verwandelt,
so wie die auf ihrem Ast kauernde, verblüffende Grinsekatze,
von der bei näherem Hinsehen nur noch der wundersame
(und wundersam beruhigende) Geist eines Lächelns übrig
bleibt.

Faust

D r. Faustus ist alt geworden und nostalgisch. Das eine ist eine Folge des anderen. Jugend sehnt sich nach der Zukunft, nie nach der Vergangenheit. Der Doktor hingegen trauert dem hinterher, was er verloren hat, oder glaubt verloren zu haben, irgendwann in jenen längst vergangenen Tagen. So hat ihn Christopher Marlowe 1604 ausgestaltet und nach ihm Goethe, knapp zweihundert Jahre später. Faust möchte Altersweisheit und hitzige Leidenschaft der Jugend gleichzeitig für sich beanspruchen; ein Tanz auf des Messers Schneide, den sein Schüler Wagner eine Augentäuschung nennt. Faust ersehnt sich, in den unsterblichen Worten Goethes, einen einzigen Augenblick, zu dem er sagen möchte, »verweile doch, du bist so schön«. Diesen erotischen Moment der Erfüllung zu erlangen haben sich die Wissenschaften als unbrauchbar herausgestellt. Deshalb wendet sich Faust der Magie zu. Nun betritt Mephistopheles die Bühne.

Mephistopheles stellt sich vor als »Teil von jener Kraft, / Die stets das Böse will und stets das Gute schafft«. Er wäre so gerne das Böse schlechthin, doch etwas oder jemand kommt dem stets zuvor, vereitelt seine teuflischen Pläne und Komplotte. Dies ist eine sonderbare Lage für einen Teufel. Angesichts der vielen kleinen und großen Katastrophen des Alltags sowie der unsäglichen Gräuel der Geschichte möchte man meinen, das Böse gewinne immer die Oberhand. Doch für Mephistopheles, der sich darin doch auskennen sollte, stellen sich die Dinge etwas anders dar. Trotz allen menschlichen Leids triumphiert am Ende immer Gott. Mephistopheles glaubt all seinem Streben zum Trotz genau wie die erfolgreiche Autorin von Liebesschnulzen Barbara Cartland fest daran, dass sich letztlich alles zum Guten wenden wird. Und wundersamerweise hat er damit meistens recht. Zwar lässt Christopher Marlowe seinen Doktor Faustus noch in der Hölle schmoren (dort bittet der Feigling, an seiner Statt die Schriften zu verbrennen, als ob die Bücher etwas für seine Hybris könnten). Goethes erster Teil der Faust-Tragödie aber endet mit der Errettung Gretchens, und im zweiten Teil erfährt dann auch der sündige Doktor selbst Vergebung. Diese fehlgeschlagenen Versuche, Böses zu tun, sind wohl auch schuld am angekratzten Ruf des Teufels. Vom Helden wird er zum General, vom General zum Politiker, vom Politiker zum Geheimagenten und von da zu einem Ding, das durch Bade- und Schlafzimmerfenster späht, schließlich zur Kröte und ganz am Ende seines Abstiegs zur Schlange, meint C. S. Lewis in seinem Vorwort zur englischen Ausgabe von Miltons *Das verlorene Paradies*.

Der Doktor hingegen überdauert die Zeiten. So hat ihn Thomas Mann unter dem Pseudonym Adrian Leverkühn einmal mehr den schrecklichen und zum Scheitern verurteilten Teufelspakt eingehen lassen. Mit der Figur des gescheiterten

Dichters Enoch Soames schuf Max Beerbohm eine bitterböse, sehr britische Variante. Der argentinische Dichter Estanislao del Campo verfasste eine Gaucho-Version des Faust, nachdem er die gleichnamige Oper von Charles Gounod gesehen hatte. Mitten im stalinistischen Terror erdachte Michail Bulgakow mit *Der Meister und Margarita* eine äußerst düstere Interpretation des Teufelspakts. Die allererste Fassung der Geschichte aber erschien in einem anonymen Druck als *Historia des D. Johann Fausten* 1587 in Deutschland. Sie war die Grundlage für unzählige Wiederauflagen inklusive eines Puppenspiels, das für den jungen Goethe offenbar zum Stoff seiner Albträume wurde.

In vergangenen Jahrhunderten, als die Idee, dem Teufel die eigene Seele zu verkaufen, noch an den Pfeilern des Glaubens rüttelte, hatte Mephistopheles leichteres Spiel, egal, ob er daraus als Sieger oder Verlierer hervorging. Heutzutage, da die Seele so viel weniger gilt und wir sie tagtäglich für eitlen Plunder wie Pipeline-Verträge oder einen Sitz im Senat verscherbeln, ist des Mephistopheles Aufgabe paradoxerweise viel schwieriger geworden. Wer seine Seele gegen Plunder eintauscht, entwertet nämlich ein einstmals kostbares Gut. Sie ist dann selbst nicht mehr wert als ebenjener Plunder, und Mephistopheles (dessen angestammtes Geschäft der Wucher ist) strebt nach dem Kostbaren. Weil die Fausts von heute nicht nach Liebe und Wissen, sondern nach ihrem finanziellen Vorteil, der Einladung zu einer Reality Show oder einem Leben im digitalen Rampenlicht streben, muss Mephistopheles in Zeiten der Seelenentwertung zehnmal so hart arbeiten, wenn er noch einen Profit machen will.

Gertrud

Sie denkt sich: Der Junge hat doch irgendwas? Er ist kein mürrischer, grummeliger, boshafter Heranwachsender mehr, »fett und kurz von Atem«, der gegen seine Eltern aufbegehrt. Jetzt ist er ein Erwachsener, fett und kurzatmig, mürrisch, grummelig und boshaft, und obendrein unverschämt zu seinen Eltern. Als Mutter fällt es ihr schwer, sich das einzugestehen, aber ihr Sohn ist wohl nicht ganz richtig im Kopf. Früher, als kleines Kind hat er mit eingebildeten Freunden gespielt, heute sieht er Gespenster und fantasiert von dunklen Machenschaften und Intrigen. Vielleicht hat ihn das langweilige Leben bei Hof (besonders in Dänemark, wo sechs Monate im Jahr immer nur Schlafenszeit ist) dazu verführt, sich all diese sonderbaren Mantel-und-Degen-Geschichten auszudenken. Vielleicht haben die philosophischen Spiegelfechtereien und das Starkbier an seiner deutschen Universität ihn so verdorben. Er grübelt zu viel, das ist sein Problem, denkt sich Gertrud. Er sollte an die frische Luft gehen, sich sportlich betätigen, Robben jagen, in der eiskalten Bucht von Helsingör eine Runde schwimmen oder wie andere junge Männer den Mädchen nachsteigen. Die arme Ophelia treibt er mit seinem Wankelmut zur Verzweiflung. Heute heißt es Ja, morgen wieder Nein oder lass uns noch etwas warten. Schließlich sah sich sogar Polonius, den Pflichten eines Vaters eingedenk, gezwungen nachzuhaken, was denn die Absichten des Prinzen in dieser Sache seien. Glücklich (obwohl ›glücklich‹ das falsche Wort ist, eher ›weniger melancholisch‹) ist er nur, wenn er mit anderen jungen Männern zusammen ist, wie Horatio und seine Mischpoke. Und dann sind da noch diese anderen beiden: Rosenkranz und Güldenstern, gepflegte und wohlerzogene Jungs, unzertrennlich, sagt Hamlet, wie Achilles und Patrokles. Dazu diese Schauspieltruppe: Männer in Frauenkleidern, die kleine avantgardistische Possen im Speisesaal des Schlosses zum Besten geben. Vielleicht ist er ja schwul. Das würde erklären, warum er die ganze Zeit über »Sein oder Nichtsein« philosophiert. Wenn er sich nur endlich zu irgendwas durchringen könnte. Er wäre, denkt Gertrud, weiß Gott nicht der erste schwule Mann am Hof von Helsingör.

Mutter zu sein ist ohnedies nicht leicht, doch mit solch einem Jungen, einem Einzelkind, das den ganzen Tag nur lamentiert und bockt … Manchmal wünscht sich Gertrud weit fort. Könnte sie bloß Urlaub machen, irgendwo in der Sonne und der Wärme. Warum, fragt sie sich, habe ich es immer mit traurigen, weinerlichen Männern zu tun? Ihr verstorbener Ehemann war genauso. Wachte jeden Morgen bleich und mürrisch auf und legte sich am Abend seufzend ins Bett. Mit »einer Miene, mehr / des Leidens als des Zorns«, wie Horatio es so treffend formuliert. Von Spaß verstand der nicht. Und ihr zweiter Ehemann Claudius? Hamlet, der gegen seinen Ziehvater voreingenommen ist, nennt ihn einen Molch, eine Fledermaus, einen rolligen Kater, der »im Schweiß und Brodem eines eklen Betts, / Gebrüht in Fäulnis« sich herumwälzt. Und gleichzeitig (erklär mir das mal, sagt Gertrud) beschreibt Hamlet diese »brandge Ähre« als eine Art galanten Menelaus, entschlossen, für die Liebe seiner Helena zu töten. Claudius ein Kavalier? Der Junge beliebt zu scherzen?

Und dann ist da noch Hamlet selbst.

Die Frage, die niemand zu stellen wagt, ist doch: Wollte Gertrud überhaupt Mutter werden? Vielleicht gleicht sie eher Lady Macbeth, bereit, sich den Säugling von der Brust zu reißen und ihn mit dem Kopf an die Wand zu schlagen. Oder sie gleicht Medea, welche, ohne mit der Wimper zu zucken, ihre zwei Kinder erstach, um ihrem Mann eins auszuwischen. Möglicherweise geht sie auch mit Sarah Jeannette Duncans Heldin in *A Mother in India* einig, die meint, die Pflicht, Mutter zu werden, sei eine von Männern propagierte Idee: »Die Ansichten der Männer bezüglich der Frauen ändern sich nur sehr langsam. Ich glaube, ihre fixe Idee der liebenden Mutter wird sich am allerschwersten ändern lassen.« Helmer, Noras Mann in Ibsens Stück *Nora oder Ein Puppenheim*, erklärt, »fast alle früh gestrauchelten Menschen haben lügenhafte Mütter gehabt«. Ist also am Ende Gertrud schuld an Hamlets unmöglichem Verhalten?

Doch wer ist Gertrud eigentlich?

Wir wissen es nicht. Zweifellos ist sie die Tochter eines Königs, Ehefrau eines Königs und natürlich Mutter. Wenn Hamlet sich entscheidet zu heiraten, wird sie wohl irgendwann auch Großmutter sein. Gertrud hat in dem nach ihrem Sohn benannten Stück keine eigene, selbstständige Rolle. Ihre Aufgabe besteht darin, von anderen abhängig zu sein. Als Hamlet sein plump »Die Mausefalle« betiteltes Stück aufführen lässt, welches Claudius dazu verleiten soll, den Mord an seinem Bruder zu gestehen, und dieser daraufhin – ob aus Angst oder weil er genug von dem Theater hat – das Spiel unterbricht, wird uns von Gertruds Emotionen nichts mitgeteilt, nur dass sie Claudius nach seinem Befinden fragt.

Was muss Gertrud gefühlt haben, nicht angesichts der lächerlichen Inszenierung des vorgeblichen Verbrechens, sondern angesichts des Bildes, das ihr geistig umnachteter Sohn offenbar von ihr hat? Hier legt sich Hamlets Wahn als ein Schatten über jenen Alltag, zu dem Gertrud für immer verdammt ist. Er ist blind für die zähe Ausdauer, mit der sie sich gegen die immer grauen Tage und Nächte in Helsingör wappnet, er ist blind für die Strategien, die sie sich hat zurechtlegen müssen, um den Ungerechtigkeiten, welchen sie aufgrund ihres Ranges und Geschlechts ausgesetzt ist, zu trotzen, und sieht nicht, wie sie jeden Tag um ein noch so kleines Glück kämpfen muss. John Locke beschrieb das Selbst als einen leeren, abgedunkelten Raum, in den die Realität nur durch ein nadelöhrgroßes Loch in der Wand eintreten kann. Gertrud hat nicht einmal Anrecht auf dieses winzige Fenster zur Welt.

Gertrud sehnt eine radikale Veränderung herbei. Dass man sie von ihren Verpflichtungen entbinde und die Spielregeln neu verhandelt würden. Als gegen Ende des Stücks Hamlets Wüten ganze Leichenberge auftürmt (»Ein Leiden tritt dem andern auf die Fersen«, fasst sie das Ganze zusammen), verspürt Gertrud, der all die unschuldigen Opfer und selbst ernannten Henker zu viel werden, eine eigentümliche Todessehnsucht. Am Schluss, als Claudius sie daran hindern will, aus dem Becher zu trinken, von dem er weiß, dass er vergiftet ist, antwortet Gertrud: »Ich will es, mein Gemahl; ich bitt, erlaubt es mir!« Dieses »ich bitt'« ist einer der berührendsten Verse im ganzen Stück, ein Flehen, das unter dem Tumult tot zu Boden stürzender Körper und dramatisch herausposaunter letzter Worte fast untergeht. Erst später, wenn das Stück vorbei ist, hängt ein unheimliches, vages und doch bleibendes Echo dieses ironischen Abschieds in der Luft. Weil im Spukschloss von Helsingör Gertruds Geist der authentischste ist.

Superman

Meine erste Begegnung mit Superman fand 1960 statt, als ich zwölf war. Meine Kinderfrau hatte mich für einen sechsmonatigen Aufenthalt nach Baltimore mitgenommen. Dort entdeckte ich viele Wunder: fast nur aus Luft bestehende Sandwiches, stabile braune Papiertüten, aus denen sich wunderbar Halloweenmasken basteln ließen, die erotisch aufgeladenen Taschenbücher im hintersten Regal des Drugstores um die Ecke, den grell verpackten Bazooka Bubble Gum, *Boris Karloff Presents* im Nachtprogramm und den Baltimore Stock Exchange, zu dem mich der Schwager

meiner Nanny eines denkwürdigen Morgens mitnahm. Das größte Wunder aller amerikanischen Wunder war jedoch die Entdeckung der Comicbuchhelden. Batman und sein geliebter Sidekick Robin, Little Lulu und Fat Tubby, die gruseligen Wissenschaftler aus der Serie *Geschichten aus der Gruft* und die mit Gauchostiefeln und goldenem Lasso ausgestattete Wonder Woman. Und dann war da noch der am 18. April 1938 von Jerry Siegel und Joe Shuster ins Leben gerufene Comic-Held Superman, der Mann aus Stahl, seine große Liebe Lois Lane, dazu sein Freund Jimmy Olsen und der Erzfeind Lex Luthor.

In Argentinien kannte man damals nur die aus Mexiko importierten spanischen Übersetzungen dieser Comics, die unter dem Sammelbegriff *Revistas Mexicanas* publiziert wurden. Weil sie den Argentiniern so fremd erschienen, stellten sie keine wirkliche Konkurrenz zu unseren heimischen Helden dar wie Patorozú, dem übermenschlich starken Indio, und dem Zeitreisenden El Eternauta, der aus der Zukunft nach Buenos Aires gekommen war. Für einige wenige aber hatten sie die faszinierende Aura bunter, exotischer Botschafter aus dem mysteriösen Norden.

Ich fühlte sofort eine tiefe Verbundenheit mit Superman. Nicht wegen seiner Superkräfte, es war das Gefühl der erzwungenen Isolation und des Ausgeschlossenseins, welches uns einte. Von seinen Eltern in den Weltraum hinausgeschossen, um der Zerstörung seines Heimatplaneten zu entgehen, aufgezogen von wackeren Bauern, dann gezwungen, ein Doppelleben zu führen (nach außen der schüchterne Zeitungsreporter Clark Kent und insgeheim ein Superheld) – hier fand ich als nicht gerade sehr selbstbewusster Heranwachsender und Bücherwurm – eine Leidenschaft, für die ich mich vage schämte – einen Verwandten im Geiste.

Seit Anbeginn der Zeit träumen wir von übermenschlichen Kräften. Enkidu, der Tiermensch und treue Freund von Gilgamesch, ist so stark, dass er den Himmelsstier der Ischtar besiegt. Herkules erledigt zwölf scheinbar unlösbare Aufgaben, Nimrod, Noahs Urenkel und »ein tüchtiger Jäger vor dem Herrn« (Genesis, 10.10) ließ in Babel jenen Turm mit der Spitze bis in den Himmel erbauen. Der geblendete Simson muss in Gaza wie ein Sklave die Mühle drehen, erhält aber seine Kraft durch göttliche Intervention zurück, damit er die Säulen des Tempels von Dagon zum Einsturz bringen kann, wobei er seine Feinde mit in den Tod reißt. Das ist der wohl erste Selbstmordanschlag der Geschichte. Ja, der Bogen lässt sich bis zu Paul Bunyan schlagen, dem riesenhaften Holzfäller, der mit Babe, seinem blauen Ochsen, den Mittleren Westen durchstreifte. Er soll über sieben Fuß groß gewesen sein und hatte eine sagenhafte Schrittlänge von fast drei Metern.

George Bernard Shaws Komödie *Mensch und Übermensch* handelt zu Beginn des 20. Jahrhunderts von dem Frauenhelden und Revolutionär Tanner. »Wir müssen entweder politische Fähigkeiten züchten«, schrieb Shaw in einem Brief an seinen Freund Arthur B. Walkley über das Stück, »oder durch die Demokratie zugrunde gehen, die uns durch das Versagen der älteren Alternativen aufgezwängt worden ist. Aber wenn der Despotismus versagt hat, nur weil es keinen fähigen gütigen Despoten gab, was für eine Chance hat dann die Demokratie, die eine ganze Bevölkerung von fähigen Wählern braucht?« Shaws Freund und literarischer Erzfeind Chesterton zeichnete in *How I found the Superman* ein ganz anderes Bild, indem er dem Übermenschen eine übernatürliche Fragilität verlieh. Als Chesterton die wundersame Kreatur bestaunen will, fragt er zuvor die Eltern, ob das Wesen denn schön sei. »Er schafft seine eigenen Standards«, antworten sie ihm. »Diesen zufolge ist er mehr als ein Apollo. Von unserem gemeinen Standpunkt aus hingegen …« – »Hat er denn Haare?«, fragt Chesterton. – »Für ihn gelten andere Regeln«, antworten sie. »Was er hat, sind nicht … nun nicht, was man Haare nennen … aber …« – »Ja was hat er denn dann?«, fragt Chesterton nun völlig irritiert. »Wenn es keine Haare sind. Sind es etwa Federn?« – »Nicht Federn, wie wir das Wort verstehen.« Unfähig, seine Neugier länger in Zaum zu halten, reißt Chesterton die Tür auf, die in das Zimmer dieser unbeschreibbaren Kreatur führt. Aus dem Dunkeln antwortet ihm ein letztes, trauriges Japsen. »Du hast es geschafft«, schreien die Eltern ihn an, »du hast einen Luftzug hineingelassen, und nun ist er tot.«

Chesterton schilderte seinen Übermenschen als einen durch und durch hinfälligen Schwächling. Andere Supermänner haben ebenfalls ihre Schwachstellen, wodurch ihre übermenschlichen Kräfte aber in den Augen ihrer Bewunderer nur umso bemerkenswerter erscheinen. Simson darf, will er seine Kraft behalten, nie eine Schere an seine Haare lassen, Achilles muss seine sprichwörtliche Ferse schützen. Herkules erliegt dem vergifteten Hemd des Nessus. Superman ist durch Kryptonit verwundbar, ein Gestein, das bei der Explosion seines Heimatplaneten ins Weltall hinausgeschleudert wurde. Dieses als rote, grüne oder goldene Variante auftretende Kryptonit hat je nach seiner Farbe unterschiedliche negative Effekte. Unter diesen ist das grüne Kryptonit das schlimmste, denn es beraubt Superman aller Kraft und versetzt ihn in einen Zustand, der einem Zusammenbruch des Immunsystems ähnelt.

Nietzsches Zarathustra preist den Übermenschen (oder Superman, wie er in der ungelenken englischen Übersetzung heißt) dafür, sein Wertesystem am Leben auf Erden ausgerichtet zu haben und nicht an einem wie auch immer gearteten Himmelreich. Nietzsches Übermensch ist das krasse Gegenteil des idealistischen, liberalen, der Gerechtigkeit verpflichteten Superman der DC Comics. Der Übermensch lehnt den »modernen« Menschen, den »guten« Menschen, den Christen »und andre Nihilisten« ab und propagiert den Willen zur Macht, verkörpert durch ein kräftiges, männliches Individuum. Das Konzept einer Überfrau gibt es bei Nietzsche nicht, die einzige Aufgabe der Frau besteht für ihn darin, den Mann zu gebären, der später zum Übermenschen werden soll. In *Ecce Homo* heißt es: »Wem ich ins Ohr flüsterte, er solle sich eher nach einem Cesare Borgia als nach einem Parsifal umsehn, der traute seinen Ohren nicht.« Nietzsches Übermensch ähnelt eher dem Bösewicht Lex Luthor als dem Mann aus Stahl.

Ein paar gewitzte Wissenschaftler der Harvard University haben Supermans übermenschliche Fähigkeiten auf den Prüfstand gestellt. Da ist beispielsweise sein Röntgenblick. Selbst wenn er die Fähigkeit hätte, eine physikalische Reaktion hervorzurufen, durch die seine Augen Röntgenstrahlung abschießen könnten, so müsste die Strahlung erst noch von einer dazu geeigneten Oberfläche zurückgeworfen und wiederum von Fotorezeptoren aufgenommen werden, damit Superman das Bild sehen kann. Ganz zu schweigen von dem

Krebsrisiko, dem sich jedes auf diese Weise durchleuchtete Lebewesen aussetzen würde.

Supermans Unverwundbarkeit wurde ebenfalls widerlegt. Um ihn vor Lassos, Pfeilen und Atombomben zu schützen, haben ihn Siegel und Shuster mit einer dünnen, undurchdringlichen Aura ausgestattet, die ihn und die direkt an seinem Körper anliegende Kleidung umhüllt. Deshalb zerreißt im Kampf zwar mitunter sein Umhang, niemals jedoch der seinen sexy Körper eng umspannende Anzug. Die Forscher der Harvard University haben versucht, die physikalischen Eigenschaften dieser Aura zu erklären, indem sie sie als eine Art nichtnewtonsche Flüssigkeit beschrieben, die nicht dem Gesetz der Viskosität folgt, sondern wie eine Art Eierlikör bald zäher, bald dünnflüssiger wird unter Druckeinwirkung. Um diese Vermutung zu überprüfen, schlugen die Forscher vor, doch einmal am Mann aus Stahl zu lecken, ob er süß schmecke.

In einer Episode der Fernsehserie *The Big Bang Theory* entkräftet der Physiker und Comicliebhaber Sheldon Cooper mit wissenschaftlicher Ratio eine Szene, in der Superman die aus großer Höhe herabstürzende Lois Lane gerade noch rechtzeitig auffängt. »Wenn Lois Lane mit einer Akzelerationsgeschwindigkeit von 32 Fuß pro Sekunde fällt und Superman ihr hinterherfliegt, um sie in seinen Armen aus Stahl aufzufangen, würde Miss Lane auf diese mit einer Geschwindigkeit von circa 120 Meilen pro Stunde aufschlagen und folglich sofort in drei etwa gleich große Teile zerschnitten werden.« Trocken fügt er hinzu: »Wenn er sie wirklich liebt, müsste er sie auf den Bürgersteig aufschlagen lassen. Das wäre ein gnädigerer Tod.«

Und dennoch: Trotz dieser offenkundigen Widersprüche, trotz der Konkurrenz durch jüngere Heldinnen und Helden und obwohl in unserer Welt die Bösewichte sich gar nicht mehr groß verkleiden müssen, um ihre Verbrechen zu begehen, hat Supermans Strahlkraft nicht nachgelassen.

Vor einigen Jahren schrieb die Dichterin Dorianne Laux unter dem Titel »Superman« eine Elegie auf einen an Kryptonitkrebs sterbenden Superman:

Es ist 2010, und die Ärzte in Metropolis geben ihm
noch ein Jahr zu leben. Ein weiteres
Jahr im Paradies, wenn die Pillen wirken, ein weiteres
in der Hölle, wenn sie's nicht tun.
Ein Magazin rutscht ihm vom Schoß. Lois
auf dem Cover der *Fortune,* die Planeten
kreisen hinter ihr, das Sternenlicht glänzt
wie Stahl auf ihrem hochgebürsteten Haar.

Don Juan

Die Lust zu systematisieren, eine Routine der Eroberung zu entwickeln, bei der der Name der Geliebten nur ein weiterer Punkt auf der Checkliste ist, dürfte der wohl sicherste Weg sein, niemals Gefahr zu laufen, sich wirklich zu verlieben. Don Juan ist eher ein Verführer denn ein Liebender, noch eher ist er ein Sammler und bei Licht betrachtet wohl ganz einfach ein Schürzenjäger. Andere donjuaneske Charaktere mögen zumindest ein klares Ziel für ihre Eroberungsfeldzüge haben – oft genug werden sie von heimtückischen Motiven geleitet wie der verachtenswerte Valmont in *Gefährliche Liebschaften* oder die zwielichtigen Helden in de Sades Fabeln. Nicht so Don Juan: Er versinnbildlicht den *acte gratuit*. Wir wissen nicht einmal mit Sicherheit, ob dieser berühmteste aller Liebhaber jemals physischen Genuss bei seinem Treiben verspürt hat. Offenkundig genügt es ihm, Namen um Namen dem illustren Katalog seiner Eroberungen hinzuzufügen. Er lässt uns nicht wissen, ob der Akt ihm mehr bedeutete als reine

Akkumulation. »Doch ach! Ich mühe mich vergebens! Ich steche immer nur ins Leere.«, sagt er in Tirso de Molinas Stück *Don Juan. Der Verführer von Sevilla und der steinerne Gast* aus dem 17. Jahrhundert. Seine Obsession ist buchhalterischer, nicht erotischer Natur. Sein Schutzherr ist Merkur, nicht Cupido. Er reißt Frauen an sich wie andere Wertpapiere. In seinem ganz eigenen Kuriositätenkabinett ersetzen ihm die Namen seiner Eroberungen das Horn des Einhorns und den Bezoarstein, nach deren Besitz es seine Zeitgenossen so gelüstete.

Es ist nicht einmal das ewig Weibliche, das er begehrt: nicht ihre Seele, ihr Inneres. Ihm geht es allein um die öffentliche Person, ihren sozialen Status, die Vielfalt. In Tirsos Version der Geschichte umfasst die Liste seiner Opfer die Aristokratin Isabella, die Fischersfrau Tisbea, die noble Doña Ana und die bäuerlich-rustikale Aminata. Der in Mozarts Oper *Don Giovanni* vom Gehilfen Da Ponte rezitierte Katalog der Eroberungen ist sogar noch um einiges länger. José Zorrilla macht diese Sammelleidenschaft in seinem im 19. Jahrhundert veröffentlichten *Don Juan Tenorio* besonders explizit.

Die Frauen
verführte ich und ließ sie dann im Stich.
Ich fand sie in Palästen und Hütten,
erkletterte der Klöster hohe Mauern.
Und überall, wo ich gewesen war,
ließ Schmach und Bitterkeit ich hinter mir.

Ähnliches hätten auch die Konquistadoren nach der Plünderung der Neuen Welt über sich sagen können.

Doch Don Juan führt nicht nur lange Listen. Etwas in ihm geht über den bloßen Wunsch hinaus, egal wie eine möglichst große Anzahl an Frauen ins Bett zu bekommen. »Süß ist der Lorbeer, den wir einer Masse / Vergoßner Tinte und Blutes verdanken«, erklärt Don Juan in einem Gedicht von Lord Byron. Da ist noch ein tieferes, düstereres und erschreckenderes Verlangen in ihm. Über seinem Ruf eines legendären Verführers und akribischen Schürzenjägers geht leicht die Todesnähe seiner Abenteuer vergessen, er ist ein Mann, der, wie Odysseus, Aeneas und Dante vor ihm, mit den Geistern der Toten spricht.

Selbst mitten in seinem großen Werk der Verführung ist Don Juan stets bewusst, dass letztlich keine seiner Affären gut ausgehen wird. Mit Mallarmé (auch wenn er dessen Bücher nicht gelesen hat) könnte er ausrufen: »Alles Fleisch ist traurig, ach«, denn er weiß, dass jede seiner amourösen Eroberungen ihn unbefriedigt zurücklässt. Deshalb sucht er Erlösung bei der Einen, die ihn nie mehr verlassen wird. Vergessen wir nicht, dass in seiner spanischen Muttersprache (wie im Französischen und Italienischen, aber anders als im Englischen und Deutschen) der Tod weiblich ist. Deshalb lädt Don Juan den Geist des Kommandanten zu einem letzten Abendessen, wohl wissend, dass jener die Gevatterin mitbringen wird. Und als echter Gentleman wird er Frau Tod seinen Arm anbieten, um sie nach Hause zu geleiten.

Lilith

Einer jüdischen Legende aus dem frühen Mittelalter zufolge gab Gott, noch bevor er Eva aus Adams Rippe schuf, Adam eine erste Gefährtin an die Seite, damit sie ihm im Garten Eden Gesellschaft leistete. Diese Vorgängerin Evas erhielt den Namen Lilith.

Was Lilith am meisten erfreut, ist die Gewissheit, unverzichtbar zu sein. Ohne sie gibt es die Schöpfung nicht. Sie ist das Ohr, das dem Mund erlaubt zu sprechen, das Auge, das den Blick erwidert, der Schatten, der die Existenz der Sonne beweist. Sie ist das Gegenüber, welches dem ersten Menschen erst seine Bedeutung verleiht. Lilith weiß, jedem Anfang wohnt auch schon ein Ende inne, jede Behauptung wirft Fragen auf, jeder geschlichtete Konflikt bringt neue Zerwürfnisse mit sich. Die Schöpfung beginnt mit einem Akt der Abgrenzung, und deshalb fragt alles Geschaffene wie Adam seine andere Hälfte: »Wer bin ich?« Lilith kann diese Frage beantworten, und sie tut dies freimütig, ohne selbstverleugnende Demut, und ohne falschen, sich selbst konterkarierenden Hochmut. Als Lilith erklärt, wer sie ist, tut sie das ohne verrätselndes Wortgeklingel wie »Ich bin der Ich-bin-da« (Exodus 3.14).

Vor ihrer Erschaffung existierte Lilith einst in der tief-dunklen Leere der Urflut zwischen Himmel und Erde. Dann schwebte Gottes Geist über dem Wasser, und Lilith erkannte, dass ihre Zeit gekommen war. Aus der Finsternis trat das Licht hervor, die noch unförmige Erde gebar die Tiere, und Gott schuf ein Abbild von sich und hielt es in seiner Hand, um es zu betrachten. Alle Dinge waren entstanden aus dem Wort Gottes, nur sein Abbild (das Gott Adam nannte) war aus seiner Hand hervorgegangen. Dann, weil Gott die Symmetrie mag, nahm er eine Handvoll Staub und schuf eine Gefährtin für Adam. So kam Lilith in die Welt. Der vom Wind aufgewirbelte Staub nimmt die Form dieser ersten Frau an, doch bleibt er nie für lange an einem Ort. Lilith war wandelbar, nahm die verschiedensten Gestalten an. Es gab nie nur eine Lilith. So viel ist sicher.

Weil Adam als Abbild Gottes geschaffen worden war, war er auch ein Abbild der Ewigkeit der Welt, denn Gott ist per definitionem unwandelbar. Das Haar auf seinem Kopf ist wie ein Wald, sein Mund wie ein Ozean, seine Tränen sind ein Fluss. In jedem Teil seines Körpers spiegelt sich die Welt wider. Sein Augapfel hat die Form der Erde, das Weiß in seinen Augen ist das gleiche wie in dem kreisrunden Ozean, der die Erde umspannt. Jerusalem ist die Pupille dieses Auges und der Tempel die Reflexion auf der Pupille. Daran glaubte Adam fest, trotz Liliths Bedenken. »Da muss mehr sein, als dass sich eins im andern spiegelt«, sagte sie zu ihm. Aber er hörte nicht und fragte nicht nach. Lilith wusste, dass jedes Ding seinen Zweck hat: Der Wind dient dem Herrn, das Feuer den Engeln und das Wasser den Dämonen. Die Erde nährt die Tiere, und diese gehorchen dem Menschen. »Und alle zusammen gehorchen Lilith, selbst Adam«, schlussfolgerte sie, sprach es aber nicht laut aus.

Über Liliths kurze Zeit als Adams Frau gibt es wenig zu berichten, was über die Geschichte aus dem Midrasch hinausgeht. Gott erschuf für die beiden einen Garten mit vier magischen Flüssen, fruchtspendenden Bäumen und wundersamen Tieren jeglicher Art. Einige wenige Verbote regelten das Leben im Paradies, so war es untersagt, das Wasser der Flüsse zu durchwaten oder eines der Tiere zu schlachten. Vor allem jedoch durften die beiden nicht vom Baum der Erkenntnis essen, der genau in der Mitte des Gartens stand. Eine Zeit lang versuchte Lilith Adam zu abenteuerlichen Taten, gewagten Unterfangen und neuen Denkungsarten zu bewegen. Adam jedoch verweigerte sich, weil er das Unveränderliche liebte – und auch, weil er sich nicht herumkommandieren lassen wollte. Am liebsten mischte er sich unter die neu erschaffenen Tiere und gab ihnen Namen. Er benannte das Pferd, den Hund, die Delfine, die sich mit den Söhnen des Meeres paarten, und das schillernde Tier, dessen Seehundfell »Tahash« den Tabernakel schmückte. Lilith erschien Adam in Gestalt dieser Kreaturen, um ihm deren Wesen zu offenbaren, doch Adam schenkte dem keine Beachtung. Er hielt sich an die Buchstaben, welche die Dinge benennen. »Das Alphabet war da, noch vor Anbeginn der Welt«, sagte er zu ihr und wandte sich ab.

Während sie die Gestalt so vieler Tiere Gottes annahm, freundete sich Lilith mit vielen von ihnen an und unterhielt sich mit ihnen stundenlang, da in diesen paradiesischen Zeiten noch alle Lebewesen mit einer Zunge sprachen. Einige von ihnen mochte sie wegen ihrer angeborenen Schläue und ihrem Mut. Sie streifte in Gestalt eines Panthers oder langhörnigen Bullen mit ihnen umher. Andere wiederum verachtete sie für ihre Dummheit und Feigheit. Einer Legende nach war es Lilith, die später Hiobs Ochsen und Esel verjagte.

Ihr Liebling jedoch war die Schlange, die Gott dem Menschen am ähnlichsten gemacht hatte. Wie Adam ging die Schlange aufrecht auf zwei Beinen, sie war so groß wie ein Kamel. Wie Adam hatte sie einen wachen Verstand und konnte Streitgespräche führen. Wie Adam hatte sie die Fähigkeit, Dinge anzufertigen. Die Schlange schmiedete Kunstgegenstände aus Gold und Silber, kannte die Geheimnisse der Edelsteine und Perlen. Wenn Lilith dieselbe Form wie die Schlange annahm, verbrachten sie viele Stunden miteinander im Gespräch oder fertigten wunderbaren Schmuck an, den Lilith Gott darbrachte, wenn er in der Abendkühle durch den Garten schritt. Und Gott gefielen diese Geschmeide.

Lilith und die Schlange sprachen so oft miteinander, dass Adam sich bald ausgeschlossen fühlte. »Ich habe dir nicht erlaubt, den ganzen Nachmittag mit der Schlange zuzubringen«, sagte er zu Lilith. Oder auch: »Ich erwarte, dass du an meiner Seite bleibst, falls ich deiner Dienste bedarf.« Aber Lilith scherte sich nicht um das, was Adam sagte, also beschwerte er sich bei Gott. »Sie ist eigensinnig, sie ist ungehorsam, sie weigert sich, bei mir zu bleiben. Sie ist eine immer klingende Glocke. Ich befürchte, dass sie sich eines Tages sogar über deine Verbote hinwegsetzen wird. Wenn das geschieht, möchte ich nicht dafür verantwortlich sein.«

Trotz Adams Bedenken führten Lilith und die Schlange weiter Zwiegespräche. »Weißt du, warum Gott möchte, dass du Adam gehorchst?«, fragte die Schlange. »Weißt du, warum er ihm verboten hat, von der Frucht des Baumes zu kosten? Künstler aus derselben Zunft hassen einander (diese Formulierung findet sich später auch im Talmud), und er alleine möchte die Macht besitzen zu erschaffen und zu zerstören.«

Lilith blieb so lange bei Adam, wie sie es ertragen konnte. Dann verschwand sie. Eine Zeit lang glaubte Adam, sie in der Schlange zu erkennen, deren Gestalt sie so oft angenommen hatte, wenn er die Schlange auf einem Ast ruhen sah, und dachte sich: »Lass sie, bald wird ihr das Spiel zu langweilig, und sie wird sich wieder in eine Frau verwandeln.«

Schließlich kam die Wahrheit ans Licht. Wütend über so viel Ungehorsam sandte Gott drei Engel ihr nach. Sie fanden Lilith am Roten Meer mit einer Horde Dämonenkinder, welche sie wohl mit der Schlange gezeugt hatte (der Midrasch bestätigt diese Vermutung nicht, warnt uns aber davor, je aus diesem Gewässer zu trinken). Unbarmherzig teilten die Engel ihr mit: Sollte sie nicht zu Adam zurückkehren, würden sie jeden Tag einhundert ihrer Dämonenkinder töten. Doch Lilith wollte lieber die Strafe hinnehmen, als zu Adam zurückzugehen und wieder seine Sklavin zu sein.

Bis heute rächt sich Lilith, indem sie sich die Kinder der Nachkommen Adams holt. Liliths Kraft ist am größten, wenn der Mond blutrot am Himmel erscheint. Das einzige Mittel, um sie von ihrem bösen Tun abzuhalten, ist, dem Kind ein Amulett umzubinden, auf dem die Namen jener drei Engel eingeritzt sind. Auch das erzählt der Midrasch.

Der wandernde Jude

Während seiner schmerzensreichen Prozession zum Schädelberg Golgatha, das hölzerne Kreuz auf dem Rücken, flankiert von römischen Soldaten mit blutverschmierten Peitschen, verspottet von der gaffenden Menge, überkam Jesus der Durst und er hielt an einer Quelle, um einen Schluck zu trinken. Ein alter Jude jedoch stieß ihn weg und herrschte ihn an, er solle weitergehen. »Ich werde gehen«, antwortete ihm Jesus, »aber du wirst so lange auf mich warten, bis ich zurückkomme.« Dann machte er sich wieder auf den Weg. Aus dieser kurzen Episode entstand die

Legende vom wandernden Juden. Seine Sünde besteht darin, den Sohn Gottes verhöhnt zu haben. Als Strafe muss er bis zum Ende aller Tage die Erde durchwandern, denn das Wort von Gottes Sohn erfüllt sich erst, wenn Jesus am Tag der Apokalypse auf die Erde zurückkehrt.

Im Johannesevangelium (18:20–22) wird berichtet, dass bei der Gefangennahme Jesu einer der römischen Soldaten dem Heiland ins Gesicht schlug. Möglicherweise hat diese Szene die Legende vom wandernden Juden inspiriert, die durch keine Bibelstelle belegt ist. Über die nächsten zwölfhundert Jahre entwickelte sich die Legende vom wandernden oder ewigen Juden weiter. Der zunächst anonyme Mann erhielt zahlreiche Namen. Einige eher mysteriös wie Cartaphilus und Ahasverus, andere hingegen sprechend wie Buttadeus (»Gottschubser«) auf Portugiesisch und Juan Espera en Dios (»Juan, der auf Gott wartet«) im Spanischen. Baltasar Gracián, ein Jesuit aus dem 17. Jahrhundert, griff diesen Namen auf und nannte ihn »Juan de Para Siempre« (»Der ewige Juan«).

Im 13. Jahrhunderts taucht eine erste Handvoll Zeugenaussagen auf, die seine Existenz belegen sollten. Ein Chronist aus Bologna schreibt, 1223 habe eine Handvoll Pilger, die in Armenien jenen Juden trafen, den Gott zu einem Leben der ewigen Wanderschaft verdammte, Kaiser Friedrich II. persönlich davon berichtet. Der englische Historiker Roger von Wendover berichtet in seiner Chronik aus dem Jahr 1228, ebenjener Jude habe in einem Gespräch mit dem Erzbischof von Armenien zugegeben, dass er vor längst vergangener Zeit im Dienst des Pontius Pilatus gestanden habe. Matthäus von Paris berichtet dieselbe Geschichte in seiner *Chronica maiora,* fügt jedoch hinzu, der Ewige Jude habe seine Schuld eingesehen und sich der Gnade Gottes unterworfen. Der unbekannte Autor der *Kurzen Beschreibung und Erzählung von einem Juden mit Namen Ahasverus* vom 9. Juni 1564 schwört, man habe den wandernden Juden in Schleswig gesehen. Er beschreibt ihn als groß gewachsenen Mann mit langem Haar und schwieligen, acht Zentimeter dicken Fußsohlen, der fließend Spanisch spreche, weil er eine Zeit lang in Madrid gelebt habe. Einige dieser Chronisten wollen auch von einer Frau des Juden und zahlreichen Kindern wissen, die ihm auf seiner Wanderung folgen.

In unseren Tagen wurde die Geschichte von Dutzenden Autoren aufgegriffen, unter denen so illustre Namen sind wie Eugène Sue (der ihn mit den Jesuiten in Verbindung bringt), Pär Lagerkvist (der ihn als verkannten Propheten beschreibt), Mark Twain (für den er nur ein weiterer, ganz banaler Tourist ist) und Jorge Luis Borges (der die Geschichte des wandernden Juden mit der des unsterblichen Homer verwebt). James Joyce gibt ihm den Namen Leopold Bloom und zwingt ihn, einen legendären, schier endlosen Tag lang durch Dublin zu wandern. Das Autorenduo Fruttero und Lucentini schließlich lässt ihn als mittelalten Mann ohne festen Wohnsitz auftreten, der sich in Venedig als Touristenführer durchschlägt.

Klammern wir den antisemitischen Unterton der Legende einmal aus, so bleibt die eigentümliche Vorstellung einer Reise als verheerende Bestrafung. Ein Motiv, das unter anderem im *Fliegenden Holländer* vorkommt. Der Kapitän des verfluchten Schiffs hat einen Pakt mit dem Teufel geschlossen. Sir Walter Scott beschreibt den fliegenden Holländer als ein »mit großen Schätzen beladenes Schiff, auf dem aber ein grässlicher Mord und Räubereien begangen worden«.

Anders Robert Louis Stevenson. Ihm waren das Schicksal des wandernden Juden und fliegenden Holländers fremd. Als Sohn einer Zeit, der die Hysterie moderner Flughäfen und Sicherheitsmaßnahmen noch unbekannt war, verkündete er: »Hoffnungsvoll zu reisen ist besser, als anzukommen.« Doch die Welt zu bereisen, exotische Landschaften zu sehen, andere Menschen und Gebräuche kennenzulernen ist nicht nur ein Abenteuer. Das Reisen wird uns immer wieder als denkbar beste Form der Bildung und Selbstfindung angepriesen. Darin sind die Verfechter teurer Kreuzfahrten sowie risikofreudige, jeden Cent zweimal umdrehende Airbnb-Nutzer sich für einmal einig.

Es gibt jedoch auch eine äußerst dunkle Seite des Reisens, an die Jesus gedacht haben mag, als er seinen Peiniger auf diese Weise bestrafte. In manchen Versionen ist der Ewige Jude nicht zur Wanderschaft, sondern zu einer endlosen Flucht verdammt. Er muss seine Heimat aufgrund eines Pogroms verlassen, weil er hungert oder weil er keine Arbeit hat. Er flieht vor Konzentrationslagern, dem Gulag, gedungenen Söldnern, multinationalen Ölkonzernen, Rodungsteams, Dürren oder Überflutungen, militärischen und religiösen Diktaturen. Er durchquert Wüsten und überwindet hohe Berge, er wagt sich aufs Meer hinaus mit einem Kreuz auf dem Rücken, bedrängt von der Polizei und den Beschimpfungen einer aufgebrachten Menge. Er muss darauf hoffen, dass er bei seiner Ankunft gastfreundlichen Menschen begegnen wird, die ihn willkommen heißen und ihm ein menschenwürdiges Leben ermöglichen, frei von einer Erbschuld, für die er nichts kann.

Er wartet in den Flüchtlingsunterkünften in Nordfrankreich und Süditalien, mischt sich in die Karawanen der Verzweifelten, die vor der Gewalt in Mittelamerika oder Syrien fliehen, und wartet auf den Erlöser, den Blick fest auf den Horizont gerichtet, wo die Vorboten des Jüngsten Gerichts jeden Augenblick erscheinen können.

Dornröschen

Ihre Geschichte handelt von der Zeit. Von verlorener Zeit, vertagter Zeit, von der Zeit des Wartens, Träumens und auch der Unschuld. Das Ganze geht schon denkbar schlecht los. Zu ihrer Geburt soll sie von zwölf Feen mit guten Wünschen beschenkt werden, doch hat ihr Vater, der König, vergessen, die dreizehnte Fee einzuladen, die das Kind deshalb mit dem Fluch belegt, eines Tages durch den Stich einer vergifteten Spindel zu Tode zu kommen. Weder der König noch die guten Feen können den Fluch bannen. Der Vater lässt alle Spindeln im Schloss entfernen, und die gute Fee versucht,

das Todesurteil in einen hundertjährigen Schlaf abzumildern. Während die Erwachsenen nach allerlei, letztlich nutzlosen Lösungen suchen, wird aus dem Kind eine Frau. Und es kommt, wie es kommen muss. Sie berührt die Spindel und fällt in einen tiefen Schlummer. Mit ihr versinkt das ganze Schloss in Schlaf. So erwartet sie den Kuss der wahren Liebe, der sie eines Tages erwecken wird. Für Dornröschen kommt die Zeit zum Stillstand.

Viele Schriftsteller haben sich eines ähnlichen Kniffs bedient, um in ihren Geschichten die Welt, wie sie einmal war, zu konservieren, leblos und dennoch lebendig, in einem Schloss voller Staub, einem unter Asche begrabenen Pompeji. So ergeht es Rip van Winkle in Washington Irvings Geschichte, so stellt James Hilton in *Der verlorene Horizont* das Kloster von Shangri-La dar. Adolfo Bioy Casares in *El perjurio de la nieve* und Agatha Christie in *Bertrams Hotel* benutzen diesen Kunstgriff ebenso wie Wagner im *Ring des Nibelungen,* wenn er Wotan Brünnhilde in Schlaf versetzen lässt. Auch das in einem todesähnlichen Zustand des drückenden Schlafs gefangene Rumänien unter Ceaușescu und Spanien in den 1960ern sowie die Tea-Party-Bewegung unserer Tage haben sich vielleicht unbewusst von dieser Geschichte inspirieren lassen, in der zwischen Tod und einem nicht enden wollenden Schlummer kaum ein Unterschied mehr besteht.

Dornröschen schläft. Findet der Prinz sie deshalb so attraktiv? Wie sie da liegt, regungslos, still, mit geschlossenen Augen, ausgeliefert und unfähig, sich zu widersetzen? Der junge Pablo Neruda hat in seinen frühen Liebesgedichten diese erotische Männerfantasie beschrieben:

Mir gefällt's, wenn du schweigst, als wärst du in der
  Ferne.
Du hörst mich dann, als käme mein Wort von weit her
  geflossen.
Deine Augen, so scheint es, sind heimlich fortgeflogen
und ein Kuss hat, so scheint es, dir deinen Mund ver-
  schlossen.

Edgar Allan Poe war da um einiges direkter. In seinem Essay *Die Philosophie der Komposition* schreibt er, dass seiner
Meinung nach der Tod einer schönen Frau »ohne Zweifel
das poetischste Motiv der Welt« sei. Viel stummer kann frau
nicht werden.

Schon am ersten Morgen der Literatur vermischen sich
Schlaf und Traum. Vor mehr als viertausend Jahren beschrieb
der anonyme Dichter des Gilgamesch-Epos den Schlaf als
Bruder des Todes. Diese einerseits grauenerregende, doch
auch beruhigende Vorstellung hat seitdem nichts von ihrer
dunklen Überzeugungskraft eingebüßt. Im Paradies steht gemäß dem heiligen Anselm für die wie schlafenden Toten die
Zeit still. Auf Erden fließt die Zeit zwar weiter, aber Träumer
müssen so lange im Schlaf ausharren, bis ihnen der Moment
des Erwachens beschieden wird. Alfons der Weise erzählt in
den *Siete Partidas* die Geschichte eines Mönchs, der wissen
wollte, ob es im Himmelreich auch eine Zeit geben wird. Eines Tages hörte jener vor seinem Fenster einen Vogel singen.
Um ihm besser lauschen zu können, ging er hinunter in den
Garten. Da flüsterte eine Stimme in sein Ohr: »Dies ist nicht
mehr als eine Sekunde der himmlischen Ewigkeit.« Beglückt
kehrte der Mönch in seine Zelle zurück – nur um herauszu-

finden, dass seine Klosterbrüder schon lange tot waren und in diesem kurzen Moment, in dem der Vogel für ihn sang, dreihundert Jahre auf Erden verstrichen waren.

Die Theologen sagen, im Paradies ist die Zeit aufgehoben, weil jeder Moment mit allem angefüllt ist, was wir uns nur wünschen können. In der Hölle hingegen vergeht die Zeit nie, weil dort absolut nichts geschieht: Denn ohne Hoffnung ist alles nur noch hoffnungsloses Warten. Carl Gustav Jung erinnert sich an folgende Episode. Einmal blieb sein Onkel mitten auf der Straße stehen und fragte: »Weißt du, wie Gott die Sünder bestraft?« – Jung schüttelte den Kopf. – »Er zwingt sie zu warten«, sagte der Onkel und ging weiter.

Dornröschens hundertjähriger Schlaf: Spielt er sich in der Hölle ab oder im Himmel? In ihrem Schloss vergeht die Zeit nicht, was an die Hölle erinnert. Würde sich ihr Schlaf aber im Himmel zutragen, so könnte sie niemals erwachen, denn dies würde eine Unterbrechung der ewigen Gegenwart bedeuten, ein Aussetzen jenes gesegneten Status quo, in dem die Prinzessin für immer schön ist, für immer unschuldig. So wie sie sich die vielen heiratswilligen Prinzen wünschen. Wird ihr Schlaf doch in Höllenzeit gemessen, würde im Moment des Erwachens alle Schönheit und Unschuld zerfallen. Dann würde ein sie wach küssender Prinz sie wieder unter das Joch der Zeit zwingen, und Dornröschens sterblicher Körper würde in einem einzigen Augenblick all die Jahre aufholen, die in der Welt draußen vergangen sind. Ihre Haut würde Falten werfen, ihr Auge erblinden, ihre perlweißen Zähne würden ausfallen, ihr goldenes Haar ergrauen. Der schreckensstarre Prinz würde eine Frau in Armen halten, die seine Großmutter sein könnte, wenn nicht seine

Urgroßmutter. In diesem Fall wird es wohl kein Happy End geben.

Das ist vielleicht der eigentliche Sinn des Fluchs der dreizehnten Fee: nicht in Würde altern und allmählich mit den Jahren Wissen und Erfahrung ansammeln zu dürfen, dem großen Rad der Zeit nicht bei seinem langsamen Kreisen zusehen zu können. Wenn Dornröschen wieder diejenige werden möchte, die der Prinz schlafend vorfand, muss sie sich der plastischen Chirurgie unterwerfen, zu Botox, Brustimplantaten und allerlei anderen Wundermitteln Zuflucht nehmen.

Sie hat aber noch eine weitere Möglichkeit. Sie kann den Fluch wie auch die Segenssprüche zurückweisen, sie kann verzichten auf Dienerschaft, das reiche Elternhaus und den galanten Prinzen und wie Ibsens Nora und Carmen Laforets Andrea (zwei von Dornröschens Kindern im Geiste) die Tür zum verwunschenen Schloss zuschlagen. Um hinaus in die Welt zu treten mit offenen Augen.

Phoebe

Von den vier Caulfield-Geschwistern aus *Der Fänger im Roggen* ist Phoebe die jüngste und gleichzeitig die klügste, uneigennützigste und einfühlsamste. Vor ihr kam Allie, der niemals wütend wurde und jung an Leukämie starb. Davor kommt Holden. D. B., der Erstgeborene, zog nach Hollywood, braust dort in einem Jaguar herum und vergeudet (nach Holdens Meinung) im Filmgeschäft sein schriftstellerisches Talent. Die Caulfields sind eine literaturbegeisterte Familie. Bevor er sich an Hollywood verkaufte, hat D. B. eine »großartige« Sammlung, so Holden, mit Kurzgeschichten unter dem Titel *The Secret Goldfish* veröffentlicht. Allie schrieb sich Gedichte in grüner Tinte auf die Finger und die Innenseite seines Baseballhandschuhs, »damit er etwas zu lesen hätte, wenn er im Feld stand und keiner am Schlagen war«. Holden ist ein passionierter Leser und sucht in Büchern jene Logik, die er in der Welt nicht zu finden vermag. Die Liste seiner Lieblingsautoren ist beeindruckend: Dickens, Isak Dinesen, Ring Lardner, W. Somerset Maugham (mit Abstrichen), Thomas Hardy, Shakespeare, Rupert Brooke, Emily Dickinson, F. Scott Fitzgerald und Hemingway. Phoebe schreibt Bücher über eine kindliche Detektivin namens Hazle (sic) Weatherfield, die sie, ganz Phoebe, nie beendet.

Phoebe ist, zumindest laut Holden, »für ein Kind sehr emotional [...] Jeder musste sie gern haben. Wenn man ihr etwas erzählt, weiß sie genau, von was man redet. Man kann sie überallhin mitnehmen. Wenn man zum Beispiel mit ihr in einen schlechten Film geht, weiß sie, dass es ein schlechter Film ist. Wenn man mit ihr in einen guten Film geht, weiß sie, dass es ein guter Film ist.«

Phoebe hat wie ihr verstorbener Bruder Allie rotes Haar, das sie im Sommer sehr kurz trägt und dann immer hinter ihre süßen kleinen Ohren streicht. »Im Winter«, erzählt Holden, »werden die Haare ziemlich lang. Manchmal macht meine Mutter ihr Zöpfe, manchmal auch nicht. Es sieht immer sehr hübsch aus. Sie ist erst zehn. Sie ist mager, so wie ich, aber nicht hässlich mager.« Wir wissen nicht, ob dem belesenen Holden die Stelle im *Hohelied Salomos* bekannt ist, wo es heißt: »Unsere Schwester ist klein / und hat keine Brüste. / Was sollen wir mit unsrer Schwester tun, / wenn man nun um sie werben wird?« So weit denkt Holden noch nicht voraus.

Wenn D. B. sich in Hollywood rumtreibt, übernimmt die kleine Phoebe sein Zimmer mit dem übergroßen Tisch und breitet sich auf seinem Doppelbett aus. Die Bruchstücke einer Schallplatte, die Holden ihr gekauft und dann aus Versehen hat fallen lassen, bewahrt sie auf, denn sie möchte Ordnung in die Welt bringen und ist enttäuscht über Holdens Unwillen, ihr darin nachzueifern. Sie ist ein sparsames Kind und hilft Holden mit ihrem Weihnachtsgeld aus der Patsche. »Acht Dollar und fünfundachtzig Cents – nein, fünfundsechzig Cents. Ich habe etwas davon ausgegeben«, entschuldigt sie sich.

Vor allem kann Phoebe ganz genau die Quellen von Holdens existenzieller Krise benennen. »Du kannst *überhaupt nichts* ausstehen«, wirft sie ihm vor, denn ihr Bruder scheint wirklich an rein gar nichts Vergnügen zu haben. Dante hätte in seiner *Göttlichen Komödie* Holden im Kreis der Zornigen verortet, zwischen an sich selbst gescheiterten Sündern, die von sich sagen: »Wir waren elend im süßen, sonnenfrohen Äther.« Phoebe hingegen ist abenteuerlustig und zu allem bereit. Als Holden ihr erklärt, dass er fortgehen möchte, packt sie sofort ihre Tasche, um mit ihm zu kommen. Der in den »inneren Unlustnebeln« des Zorns gefangene Holden merkt nicht, wie sehr er auf ihre Klarsicht angewiesen ist. Unerschrocken will sie an seiner Seite sein, wenn er sich den Gefahren auf seinem Weg stellen muss.

Im 5. Jahrhundert vor unserer Zeitrechnung schrieb Euripides ein Stück über Antigone, von dem nur Fragmente auf uns gekommen sind. Euripides beschreibt, wie Antigone liebevoll »den Körper ihres Bruders Polynikes gesäubert und den Opferwein für ihn vergossen« hat. Entgegen der Anweisung des Königs Kreon will sie den Leichnam nach dem vorgegebenen Ritus bestatten. In einem der wenigen überlieferten Fragmente sagte sie: »Doch ich werde ihn begraben. Und wenn ich sterben muss, dann sage ich, ist mein Vergehen ein heiliges Verbrechen. Ich werde mich im Tod neben ihn betten und er soll mir so lieb und teuer sein wie ich es für ihn gewesen.« Holden stellt sich in einer Szene vor, was seine Schwester Phoebe wohl machen würde, wenn er an einer Lungenentzündung stürbe. In seiner Fantasie wird Phoebe es Antigone gleichtun.

Doch wo bleibt eigentlich Phoebe selbst bei all der Liebe und Hingabe, bei aller Achtsamkeit, Beständigkeit und Intelligenz, bei ihrem Mut? Die Schwester aus dem Märchen von den wilden Schwänen könnte als so etwas wie ein urtümliches Vorbild für Phoebe gelten. In dem Märchen sind die Brüder in Schwäne verwandelt worden und können aus der Verzauberung nur dann befreit werden, wenn ihre Schwester Hemden aus Brennnesseln webt, die sie mit bloßer Hand zu sammeln hat, und während sechs Jahren kein Wort spricht. Als das sechste Jahr fast vorbei ist, trifft sie einen Prinzen, der sich auf der Stelle in sie verliebt und sie heiraten möchte. Doch da das Mädchen kein Wort herausbringt, überzeugen seine Höflinge ihn, dass sie eine Hexe sei, weshalb man sie verbrennen müsse. Am Abend vor ihrer Hinrichtung gelingt es der Schwester gerade noch rechtzeitig in ihrer Zelle, das letzte Nesselhemd bis auf einen fehlenden Ärmel fertigzustellen. Sie wirft den sechs Schwänen die Hemden über, woraufhin diese sich in Menschen zurückverwandeln. Nur der jüngste Bruder, dem das Hemd ohne Ärmel zufiel, behält eine Schwanenschwinge. Eilends erklären die sechs Brüder dem Prinzen den wahren Grund für das Schweigen ihrer Schwester.

Im Märchen geht alles gut aus, doch auch für Phoebe? Auf den letzten Seiten des Buchs, während Holden im strömenden Regen seiner Schwester auf dem Karussellpferdchen zuschaut, fühlt er sich – vielleicht zum ersten Mal in seinem Teenagerleben – glücklich. »Ich hätte beinah geheult, so verflucht glücklich war ich, falls das jemanden interessiert. Ich weiß nicht warum. Einfach weil sie so verdammt nett aussah, während sie dort herumfuhr – in ihrem blauen Mantel und allem.«

Wie die jugendliche Heldin Hazle Weatherfield in der

Geschichte, die sie nie zu Ende schreibt, strahlt Phoebe hell in diesem Buch. Sie kreist um ihre Brüder, findet aber nie in ihre eigene Umlaufbahn, zu ihrer eigenen Bestimmung. D. B. betrauernd, der nicht wiederkommen wird, und seine Stelle im Elternhaus einnehmend, muss sie zudem ihren verträumten Bruder Holden beschützen und aus seinen Tagträumen reißen. Als Holden ihr von seinem Wunsch erzählt, er würde am liebsten ein Fänger im Roggen sein, verbessert sie ihn: »Es heißt ›Wenn einer einen *anderen trifft,* der durch den Roggen läuft!‹« So rettet Phoebe Holden, indem sie ihm den Kopf zurechtrückt und bei strömendem Regen für ihn Runde um Runde auf dem Karussell in »ihrem blauen Mantel und allem« dreht, während im Hintergrund *»Smoke Gets in Your Eyes«* erklingt.

Hsing-chen

Unsere Helden und Heldinnen müssen im Märchen in der Regel eine bestimmte Anzahl von Aufgaben vollbringen. Die Vögel, die im persischen Klassiker *Die Konferenz der Vögel* von Fariduddin Attar auf die Suche nach ihrem König ausfliegen, müssen sieben Täler überqueren, von denen das vorletzte das Tal des Erstaunens und das letzte das des Todes ist. Zehn ist die Zahl der Plagen, die Ägypten treffen, bevor der Pharao die Israeliten ziehen lässt. Ebenfalls zehn an der Zahl sind die Terrassen des Läuterungsbergs in Dantes *Göttlicher Komödie*, durch dessen Besteigung die Sünder gereinigt werden – wenn wir den Eingang zum Berg und den Garten Eden auf seinem Gipfel mitzählen. Herkules muss zwölf Arbeiten vollbringen. Vielzählig und mannigfach sind die Proben, die Bewährungsproben.

Der im 17. Jahrhundert entstandene koreanische Klassiker *Traum der neun Wolken* wird dem berühmten Gelehrten Kim Man-jung zugeschrieben. Hierin besteht der gefallene buddhistische Mönch Hsing-chen acht Prüfungen. Diese acht Stufen der Erleuchtung korrespondieren jeweils mit wunderschönen Feen, die ihn bereitwillig erhören und deren Namen in der englischen Übersetzung (eine deutsche gibt es nicht) für unsere westlichen Ohren wie Country-Stars klingen: Rainbow Phoenix, Moonlight, Shy Wild Goose, Jasper Shell Blossom, Spring Cloud, Panpipe Harmony Orchid, Cloud of Starlings und Whitecap.

Hsing-chen (dessen Name »ursprüngliche Natur« oder »sinnliches Verlangen« bedeutet) wird bestraft, weil er gegen die Lehren seines Meisters Liu-kuan, Herr des Klosters auf dem Lotusgipfel, verstoßen hat. Nachdem der Drachenkönig ihn zum Weintrinken überredet hat, verwandelt der beduselte Hsing-chen mithilfe seiner mystischen Kräfte Blüten in Juwelen, um den acht Feen zu gefallen. Für diese Sünde wird er zu der eigentümlichen Strafe verurteilt, als heroischer Feldherr und Gelehrter wiedergeboren und eine Art sinnliche Pilgerreise durchlaufen zu müssen. Unter dem Namen Shao-yu (Kleiner Gast) wird er in eine arme Bauernfamilie hineingeboren und von seiner früh verwitweten Mutter großgezogen. Zum Mann herangewachsen, besteht er die Prüfung zur Beamtenlaufbahn und wird zunächst als Archivar am Hof des Kaisers angestellt. Er eignet sich die Fähigkeiten eines Dichters, Musikers, Diplomaten und Soldaten an. Seine steile Karriere macht ihn schließlich zum Schwager des Kaisers höchstselbst.

Die Handlung des *Traums der neun Wolken* spielt im China der Tang-Dynastie, dem goldenen Zeitalter der kosmopolitischen chinesischen Kultur des 9. Jahrhunderts. In diesem magischen Bildungsroman wird der Held in gleich

drei großen Wahrheitslehren erzogen: Konfuzianismus, Dao-
ismus und Buddhismus. »Begegnungen und Abschiede, Abschiede und Begegnungen – das ist der Welten Lauf«, fasst
ein buddhistischer Weiser die Lehre zusammen, die Shao-yu
auf seinem Lebensweg erteilt wird. Als vom Kaiser eingesetz-
ter General besiegt Shao-yu das einfallende tibetische Heer,
indem er seine Truppen nach dem chinesischen Orakelbuch
I Ging formiert. Daneben gelingt es ihm aber auch, die acht
vom Schicksal ihm vorbestimmten Damen zu erobern. Im
Fall der siebten Dame findet die Verlobungsnacht sogar inmitten des Tumults einer schrecklichen Schlacht statt, wobei
der Schein von Shao-yus Schwert ihnen als Hochzeitskerze
und der Klang des Armeegongs als Ersatz für die Laute dient.
Nach all diesen Errungenschaften begegnet Shao-yu einem
alten Mönch, der sich ihm als sein ehemaliger Meister aus einem anderen Leben zu erkennen gibt. Der Meister verrät ihm,
dass alles, was sich in seinem Leben als Sterblicher zugetragen
hat, nichts als ein Traum war, ein ganzes Leben voller Mühen.
Krieg und Liebe ist in einem einzigen flüchtigen Moment
tiefer Meditation an ihm vorbeigezogen. Durch diese Offen-
barung erlangt Shao-yu (wiedererwacht als Hsing-chen) die
Erleuchtung und widmet den Rest seines Lebens der Lehre
des Wahren Weges. Zu guter Letzt wird er der neue Herr des
Klosters auf dem Lotusberg, und Unsterbliche wie Sterb-
liche, Drachen, Menschen und Geister verehren ihn, wie sie
zuvor seinen Meister verehrt haben. Auch die acht Damen
geben ihre sündige Lebensweise auf und werden zu hinge-
bungsvollen Bodhisattwas, die aber aus Mitleid ihren Eintritt
ins Nirvana hinauszögern, um sich noch anderer Sterblicher
zu erbarmen. Ganz zum Schluss betreten Hsing-chen und

seine acht Feen, wie es die Vorsehung bestimmt hat, Hand in Hand den Hain des buddhistischen Paradieses.

Während seiner amourösen Abenteuer erhalten wir immer wieder Hinweise, dass alles nur ein Traum sein könnte. »Das Auge glaubt die Wahrheit besser zu erkennen als zwei Ohren«, warnt eine Figur etwa Shao-yu, bevor er von einem hübschen Mädchen getäuscht wird, das sich als Geist zu erkennen gibt und dann doch aus Fleisch und Blut ist. Wie auch immer man die Täuschung wendet, ob das Mädchen zum Geist oder der Geist zum Mädchen wird: »Menschen und Geister wandeln auf unterschiedlichen Wegen«, erklärt sie Shao-yu, »doch die Liebe kann sie zusammenbringen.« Entscheidend ist, dass die Sinne flüchtig und vergänglich sind, die Welt des Geistes hingegen überdauert. Erstere sind bloße Illusion, Letztere die Quelle aller Wahrheit.

Sonderbar, wie viele erträumte Wesen uns erklären wollen, die Welt sei nur ein Hirngespinst. In Calderóns *Das Leben ist ein Traum* klagt Sigismund, in dieser unserer sichtbaren Welt sei das Leben bloß ein Traum, denn wir träumen uns selbst und unser Leben nur, bis wir eines Tages aufwachen. Prospero sagt in *Der Sturm,* wir seien gemacht aus jenem Stoff, aus dem die Träume sind, und unser kleines Leben sei von einem Schlaf umringt. Tweedledee und Tweedledum wollen Alice weismachen, dass sie nur irgendein Ding im Traum des roten Königs sei, und wenn er erwachte, würde sie erlöschen »– peng – wie eine Kerze!«

Einige Monate nachdem ein Seemann aus Yorkshire namens Robinson Crusoe, der übrigens ein Zeitgenosse Hsing-chens war, Schiffbruch erlitten hatte und auf einer einsamen Insel gestrandet war, macht besagter Einsiedler eine schreckliche

Erfahrung. Im Fiebertraum sieht er sich auf dem Boden vor seiner Verschanzung sitzen, als plötzlich ein in helle Flammen gehüllter Mann aus einer dunklen Wolke zu ihm herniederfährt. Kaum hat er mit den Füßen die Erde berührt, stürzt er auch schon mit einem langen Speer auf den schreckensstarren Crusoe los und droht, ihn zu töten. Mit furchterregender Stimme sagt der Mann zu Crusoe: »Weil du auf so viele Zeichen hin dich nicht bekehrt hast, sollst du sterben.« Crusoe sieht sich außerstande, das Gefühl zu beschreiben, als er erwachend erkannte, dass diese Vision nur ein Traumbild war. Für Crusoe sind die Mühen seines einsamen Lebens auf der Insel grausame Realität, und der Traum dient ihm als Warnung. Für Hsing-chen hingegen zerrinnt sein ganzes Leben voller ruhmreicher Taten und Liebe zu einem bloßen Traum.

Wenn Hsing-chen (im Körper des Shao-yu) seinen Weg auf dieser Erde durch das Fest der Liebe und das Schlachtfest des Krieges bestreiten muss und all seine militärischen und amourösen Errungenschaften letztlich nichts sind als der Schatten eines Schattens – was sind dann wir Leser, selbst wiederum Schatten, die den Schatten jenes Schattens auf den Buchseiten folgen? Im berühmten Höhlengleichnis, das Platon den Sokrates in *Der Staat* erzählen lässt, wird die für uns wahrnehmbare Wirklichkeit zum Schatten der echten Welt, die wir auf den Wänden jener Höhle beobachten, in der wir gefangen sind. Für das Korea des 17. Jahrhunderts war die chinesische Tang-Dynastie (zu deren Zeit der *Traum der neun Wolken* spielt) ein gewaltiger, immer gegenwärtiger Schatten, bedrohlich und faszinierend zugleich, wie ein vielgesichtiger, wilder und beunruhigender Traum, aus dem es eines Tages aufzuwachen hoffte.

»Wer kann schon sagen, was wirklich existiert und was nicht?«, fragt sich Shao-yu gegen Ende der Geschichte. »Buddha lehrt uns, der Leib eines Menschen sei nichts als eine flüchtige Illusion, wie Schaum auf dem Wasser oder ein Blütenblatt im Wind.«

Jim

Wie Jean Valjean in *Die Elenden* oder der aus der Armee desertierende Gaucho Martín Fierro in dem argentinischen Epos, das seinen Namen trägt, oder wie das in die Antarktis fliehende Monster Frankensteins und der entflohene Sträfling Abel Magwitch in Dickens *Große Erwartungen* gehört auch Jim zu jenen Figuren, die Tennessee Williams einmal »die zur Flucht Verdammten« nannte. Die Außenwelt bemisst Jim nicht an seiner Person, sondern an dem ihm aufgezwungenen Zustand der permanenten Flucht. Nachdem er von den Plänen seiner Besitzerin gehört hat, ihn zu verkaufen, reißt er aus und begegnet Huck auf einer kleinen Insel. »Ich hab mich verdammt schnell verdrückt, kann ich dir sagen.« Doch wie kann die Flucht gelingen? »Ich hatte mir ausgedacht«, erklärt er Huckleberry Finn, »was ich tun wollte. Siehst du, wenn ich weiter versuchte, zu Fuß fortzukommen, dann würden die Hunde meine Spur verfolgen; wenn ich 'n Boot stähl, um überzusetzen, dann würd man das Boot

vermissen, siehst du, un' dann würd man ungefähr wissen, wo ich auf der andern Seite gelandet wär, und meine Spur aufnehmen.« Gefangen in den allgegenwärtigen Vorurteilen der weißen Erwachsenenwelt und der Abenteuergier ihrer Zöglinge, versucht Jim zu jenem utopischen Ort zu entkommen, wo gleiches Recht für alle gilt. In Mark Twains Buch verkörpern die freien Nordstaaten diese Utopie, in der kollektiven Vorstellung des schwarzen Amerika ist es das in *Swing low, sweet chariot* besungene Land jenseits der Grenze, wohin das informelle Netzwerk der Underground Railroad entlaufene Sklaven schmuggelte. Doch wie seine literarischen Brüder auf der Flucht wird auch er dieses Land nie erreichen. Am Ende des Buchs wird er zwar als freigelassener Sklave anerkannt, jedoch nicht als er selbst – was auch immer dieses Selbst für ihn bedeuten mag.

Die Welt der Weißen hat noch Pläne mit Jim. Als Tante Polly, Onkel Silas und Tante Sally erfahren, wie gut er Huck behandelt hat, »machten sie 'nen Haufen Umstände mit ihm« und beschlossen, ihn zu belohnen. Sie »zogen ihn prima an und gaben ihm, was er nur wollte, zu essen, und machten's ihm angenehm und ließen ihn nichts tun«. Mit anderen Worten, sie verfahren mit ihm wie mit einem treuen Haustier. Tom Sawyer (dessen zum Scheitern verurteilter Plan, Jim zu befreien, von den Abenteuergeschichten inspiriert wurde, die er gelesen hat) hatte ursprünglich vorgehabt, »falls wir Jim gut rausholen würden, mit ihm auf dem Floß den Fluss runterzufahren und bis ganz runter zur Flussmündung Abenteuer zu erleben, und dann hatte er ihm sagen wollen, dass er frei war, und hatte höchst elegant auf 'nem Dampfer mit ihm nach Hause fahren und ihn für seine verschwendete Zeit bezahlen und heimschreiben und alle Nigger aus der Umgebung auf die Beine bringen wollen, damit sie mit 'nem Fackelzug und 'ner Blechkapelle in die Stadt reinwalzten« – eine Mischung aus dem Einzug Jesu in Jerusalem und der traurigen Zirkusnummer eines dressierten Bären. Vom *Don Quixote* – denn auch dieses Buch hat Tom Sawyer gelesen – hätte er sich hingegen dazu inspirieren lassen können, den Kampf gegen das Unrecht aufzunehmen. Für Tom ist die Geschichte des durch Bücher verrückt gewordenen Ritters von der traurigen Gestalt nur eine weitere amüsante Abenteuergeschichte, ein unterhaltsames Märchen. Jims Interpretation des Buches wäre wohl anders ausgefallen.

Doch Lesen wurde den Sklaven zu jener Zeit nicht beigebracht. 1660 war König Charles II. zum protestantischen Glauben übergetreten. Da Luther lehrte, die Rettung der Seele hänge auch von der Befähigung jedes Einzelnen ab, das Wort Gottes lesen zu können, wies der König sein Komitee für die ausländischen Kolonien an, Eingeborene, Hausdiener und Sklaven fortan im Namen des Christentums zu unterrichten. Die Sklavenhalter waren von diesem Erlass nicht sehr angetan. Sie fürchteten, dass alphabetisierte Sklaven womöglich auch die Pamphlete der Abolitionisten lesen oder es gar Moses gleichtun könnten, der sich gegen den Pharao erhob. Daher traf das königliche Dekret in den amerikanischen Kolonien auf massiven Widerstand. Am stärksten war dieser in South Carolina, wo knapp ein Jahrhundert später strenge Gesetze erlassen wurden, wonach es allen Schwarzen – ob nun Freigelassener oder Sklave – untersagt war, das Lesen zu lernen. Zu Mark Twains Zeiten waren diese Gesetze noch gültig. Ein Sklave, der gegen dieses Gesetz verstieß, wurde beim ersten Fehlverhalten mit einer einfachen Peitsche aus Kuhhaut ausgepeitscht, beim zweiten Verstoß kam eine neunschwänzige Katze zum Einsatz, beim dritten Mal wurde das oberste Glied des Zeigefingers abgetrennt. In vielen Fällen wurden alphabetisierte Schwarze, die versucht hatten, anderen das Lesen beizubringen, gehängt.

Jim konnte selbstverständlich nicht lesen. Andernfalls hätte er vielleicht eine ähnliche Erfahrung gemacht, wie sie der berühmte Bürgerrechtler Frederick Douglass in seiner Autobiografie beschreibt. Trotz der Absicht seines Herren, ihn in Ignoranz zu halten, lernte er lesen und stieß bei seinen Lektüren auf die Rechtfertigung der Sklaverei in der *Politik* des Aristoteles. Dort schreibt der hierarchieliebende Philosoph: »Herrschen und Beherrschtwerden gehört nicht nur zu den unerlässlichen, sondern auch zu den nützlichen Dingen, und bei einigen besteht unmittelbar von Geburt eine Scheidung – der eine zum Beherrschtwerden, der andere zum Herrschen.« Dann zu Tier und Sklave: »Und schließlich unterscheidet sich auch ihr nützlicher Beitrag nur wenig voneinander, denn beide, Sklaven und zahme Tiere, helfen mit dem Körper bei der Bereitstellung der lebensnotwendigen Mittel.« Aristoteles hielt es nicht für nötig zu erklären, dass mit diesen »lebensnotwendigen Mitteln« natürlich der Bedarf von ihm und seinesgleichen gemeint ist.

Thomas von Aquin vergleicht in seiner umfangreichen *Summa Theologica* die Beziehung zwischen Herrn und Sklave mit der zwischen Vater und Sohn. Er behauptet obendrein, Sohn und Sklave würden aus ihrem Unterworfensein Vorteile erhalten. »Insofern der Sohn Sohn ist, ist er etwas, was dem Vater gehört; ebenso ist der Knecht, insofern er

Knecht ist, etwas, was dem Herrn gehört. Insofern jedoch ein jeder als Mensch betrachtet wird, ist er etwas für sich Bestehendes und von anderen unterschieden. Daher gibt es auch bestimmte Gesetze über das, was dem Vater zusteht gegenüber dem Sohn, oder dem Herrn gegenüber dem Knecht. Insoweit aber jeder etwas ist, was dem anderen gehört, versagt die volle Bewandtnis dessen, was gerecht oder Recht ist.« Das ist, wie Thomas von Aquin selbst geahnt haben muss, ein ziemlich offensichtlicher Syllogismus, d.h. ein Schluss, der bereits in der Ausgangslage vorweggenommen wird, da dem Besessenen, ob nun Sklave, Kind oder Hund, von vornherein nicht dieselben Rechte zugestanden werden wie dem Besitzer. Hucks Vater erweist sich in einer seiner Schimpftiraden ganz im Einklang mit Thomas von Aquin. Ein Vater, dem den Sohn aufzuziehen »nichts wie Mühe und Sorgen und Kosten gemacht hat«. Der könne doch wohl verlangen, dass »der arbeiten gehen und anfangen kann, was für ihn zu tun«. Außerdem stünden einem weißen Mann doch wohl mehr Rechte zu als einem »schleichenden, stehlenden, teuflischen freien Nigger mit 'nem weißen Hemd«.

Dass es rechtens sei, wenn die (nach eigener Einschätzung) Höherstehenden über vorgeblich Minderwertige bestimmen könnten, und dass der Zustand der Unfreiheit für die Versklavten oft sogar vorteilhaft sei – dergestalt wurde die Sklaverei nicht erst bei Aristoteles, sondern auch schon viel früher in vielen großen Kulturen gerechtfertigt. »Es ist doch nur zu deinem eigenen Guten« und »Glaub mir, es tut mir noch mehr weh als dir« – dies sind zwei Phrasen, auf die auch jene Eltern gerne zurückgreifen, welche an den unseligen Satz glauben: »Wer an der Rute spart, verzieht das Kind.«

Im »Die Freuden der Sklaverei« überschriebenen Vorwort zum sadomasochistischen Klassiker *Geschichte der O.* erzählt uns Jean Paulhan die Geschichte der Sklavenbefreiung auf Barbados 1838. Knapp zweihundert freigelassene Männer und Frauen sollen damals ihren einstigen Besitzer, einen gewissen Glenelg, aufgesucht und ihn geradezu angefleht haben, sie wieder als Sklaven aufzunehmen. Glenelg weigerte sich, wohl aus Furcht vor dem Antisklaverei-Gesetz. Daraufhin massakrierten die ehemaligen Sklaven ihn und seine gesamte Familie. Danach, schreibt Paulhan, zogen sie sich in ihre Hütten zurück und nahmen die gewohnte Arbeit wieder auf. Sollte diese Geschichte wirklich der Wahrheit entsprechen, wird sie die vielen verbliebenen Sklavenhalter in den Südstaaten in ihrer Haltung bestätigt haben.

Doch im Gegensatz zu Paulhans Sklaven auf Barbados ist Jim keineswegs zufrieden mit seiner Lage. Falls er einen Hafen im freien Norden erreicht, wird er bestimmt nicht zurückkehren. Wir erfahren viel über Jim und seine Moral (so macht er sich über das angeblich so gerechte salomonische Urteil lustig und zeigt Mitgefühl mit dem inhaftierten Sohn von Ludwig dem Sechzehnten), über seinen Glauben (er glaubt an die Kraft der Magie, die Verpflichtung, Tote zu ehren, und daran, dass in Träumen Wahrheiten offenbart werden), über seine Entschlossenheit, freizukommen und auch nach dem Gesetz eine eigenständige Person zu werden, und nicht zuletzt erfahren wir etwas über seinen Wunsch, seine Familie wieder um sich zu versammeln: »Er sagte, das Erste, was er tun wollte, wenn er in 'nen freien Staat käme, wäre

Geld sparen und keinen Cent ausgeben, und sowie er genug Geld hätte, wollte er seine Frau freikaufen, die zu einer Farm in der Nähe, von wo Miss Watson wohnte, gehörte; und dann würden sie beide arbeiten, damit sie ihre beiden Kinder kaufen könnten, und wenn ihr Herr sie nicht verkaufen wollte, dann würde er 'nen Sklavenfreund dazu kriegen, dass er hinging und sie stahl.«

Als ich zum ersten Mal *Huckleberry Finns Abenteuer* las – damals etwa im gleichen Alter wie Huck –, interessierte mich vor allem die wachsende Freundschaft zwischen Huck und Jim. In Jim hatte Huck, wie ich glaubte, so etwas wie einen zweiten Vater gefunden, ein Gegenbild zum eigenen gewalttätigen, versoffenen, bigotten Vater, der seinen Sohn als Schutzschild gegen die große, böse Welt dort draußen benutzte. Ich beneidete Huck, weil ich verstand, dass er Jim genauso sehr brauchte wie Jim ihn.

Trotz der über das Buch verstreuten Hinweise und Einblicke in Jims Charakter wird die Figur noch heute fast ausschließlich in ihrer Funktion als Sklave gelesen. Toni Morrison empfand die Darstellung Jims als ein schlecht sitzendes Clownskostüm, das den Mann darunter nicht verbergen kann, und sah in der glücklichen Wendung des Buchs einen Versuch Mark Twains, der rassistischen Leserschaft zu gefallen, indem er Jim zu solch einem armen Narren machte. Die *»racist readership«*, wie Morrison im Original schreibt, gibt es in gewisser Weise auch heute noch, weil der Begriff der *»Race«* viele Debatten in den USA unweigerlich *einfärbt*. Das Verb ist auf grässliche Weise zutreffend. Ob das soziale Gefälle zwischen Schwarz und Weiß die Sklaverei erst ermöglicht hat oder die Institution der Sklaverei einer Legitimierung bedurfte, für die man die weiße Überlegenheit erfand, ist eine Frage, über die endlos debattiert werden kann.

Aber was bedeutet das alles für Jim?

Die Sklaverei wurde in der Neuen Welt seit den Tagen der ersten Kolonialisten betrieben. Zur Zeit der amerikanischen Unabhängigkeitserklärung 1776 war sie in allen dreizehn Staaten legal. Erst 1865 wurden durch den dreizehnten Zusatzartikel zur Verfassung die letzten vierzigtausend Sklaven in den zwei Bundesstaaten Kentucky und Delaware befreit. Einige Jahrzehnte zuvor kam Alexis de Tocqueville von seiner Amerikareise mit der Ansicht zurück, eine multirassische Gesellschaft ohne Sklaverei sei in den USA unmöglich, da seiner Ansicht nach die tief verwurzelten Vorurteile gegenüber Schwarzen nur zunehmen würden, sollten sie weitergehende Rechte bekommen. Sein politischer Rat ließe sich also wie folgt zusammenfassen: Schaut nicht nach den Ursachen der Krankheit, sondern optimiert die Behandlung, damit sich die Symptome nicht verschärfen.

Diese Einstellung hat sich in den Vereinigten Staaten unter der Oberfläche bis heute gehalten. Sobald die Politik in ihrem Kampf gegen den Rassismus auch nur ein wenig nachlässt, bekommen Figuren wie Hucks Vater wieder Aufwind. 2018 wuchs die Zahl der Beschwerden über berufliche Ungleichbehandlung um 17 % gegenüber dem Vorjahr, und nach Angaben des FBI erhöhte sich die Anzahl von Hassverbrechen 2017 um fast eintausend Fälle. Knapp die Hälfte der Hassverbrechen in den USA werden gegen Schwarze begangen. Einer von fünfundsechzig getöteten schwarzen Männern ist von der Polizei erschossen worden, und unter ihnen war knapp ein Viertel unbewaffnet. Jim ist noch heute auf der Flucht.

2018 erklärte das *Forbes Magazine,* dass die USA das Land mit den meisten Milliardären weltweit sind, die, wie wir annehmen können, wohl alle ein recht komfortables Leben führen. 1973, also fünfundvierzig Jahre zuvor, veröffentlichte Ursula K. LeGuin eine Kurzgeschichte mit dem Titel *Die Omelas den Rücken kehren.* Omelas ist eine Stadt, in der jeder ein wunschlos glückliches Leben führt. Die einzige Bedingung für so viel Glück ist, dass einmal im Jahr während des Sommerfests jeder Bürger der Stadt am Kellerverlies eines der schönsten Gebäude von Omelas vorbeigehen muss, wo ein eingesperrtes nacktes Kind (Le Guin gibt weder Geschlecht noch Hautfarbe an) inmitten seiner eigenen Exkremente sitzt. Das Kind hat nicht immer in diesem Raum gelebt, es kann sich an das Sonnenlicht und die Stimme seiner Mutter erinnern. »Ich will auch lieb sein«, fleht es die Vorübergehenden an. »Bitte lasst mich raus. Ich will auch lieb sein.«

Le Guin schreibt weiter, dass von Zeit zu Zeit jemanden der Anblick des Kinds verfolgt. So jemand läuft dann davon, läuft einfach hinaus aus der Stadt Omelas. Niemand weiß, wo diese Menschen hingehen, aber es gibt sie: die Menschen, die Omelas den Rücken kehren.

Die Chimäre

Das Royal Tyrrell Museum im kanadischen Alberta ist zu Recht berühmt für seine Dinosauriersammlung. Das Außergewöhnlichste sind jedoch nicht die gigantischen Skelette jener ausgestorbenen Donnerechsen, die lange vor den Menschen die Erde beherrschten, sondern ist vielmehr eine Plexiglastafel, die mikroskopisch kleine Meereslebewesen aus der prähistorischen Zeit, die vor mehr als 300 Millionen Jahren sofort wieder ausgestorben sind, in x-facher Vergrößerung zeigt. Die durchsichtigen Körper mit ihren unscharfen weißen Umrissen, welche diese fehlgeschlagenen

Versuche aus dem Labor des Lebens zeigen, wirken für den Laien grotesk verzerrt und asymmetrisch. Als hätte ein albträumender Maler Traumgestalten hingekritzelt, nur um sie alsbald wieder wegzuwischen. Diese unfertig gebliebenen Lebensformen gehören zu den schrecklichsten Monstern, die man sich vorstellen kann. Im Vergleich dazu sind die Meduse und der Basilisk zahme und geradezu putzige Ungeheuer. Das Leben auf unserem Planeten begann mit echten Monstern und nicht mit jenen vertrauten Formen.

Das Wort ›Monster‹ kommt von dem lateinischen *monere:* »warnen«. Monster sind Scheusale, Freaks, außergewöhnliche Lebewesen, das Unerwartete, das man nie oder höchst selten zu Gesicht bekommt. Als Beispiel für etwas Monströses und völlig Unwahrscheinliches nannte Horaz bekanntlich den schwarzen Schwan, nicht wissend, dass gerade in jenem Moment – wie Borges herausfand – schwarze Schwäne den Himmel Australiens verdunkelten. Es bleibt immer die Möglichkeit, auch wenn sie klein ist, dass irgendwo in einer obskuren Ecke des Universums – wie um unseren Verstand Lügen zu strafen – selbst das unvorstellbarste Monstrum existiert.

Da wir nicht über denselben Einfallsreichtum wie die Natur verfügen – Dante dichtet über sie: »auch den Walfisch und den Elefanten / bereut sie nicht« –, sind die Ausgeburten unserer Fantasie nichts weiter als vergrößerte oder verkleinerte Versionen bereits in der Natur existierender Baupläne oder Mischwesen aus dem, was wir in jedem größeren Zoo an Tieren vorfinden. Eine Frau gepaart mit einem Fisch, Vogel oder Löwen; ein Mann mit einem Pferd, Stier oder einer Echse. Wir können uns geflügelte Hengste und Schlangen vorstellen, vielgestaltige Götter wie die mehrarmige Shiva oder die Heilige Dreifaltigkeit, Drachen mit tausend Köpfen und Menschen ganz ohne Kopf: Das Bestiarium unserer Vorstellungskraft ist kaum mehr als ein lauer Aufguss des *cadavre exquis,* also jenes von den Surrealisten erfundenen Spiels, bei dem eine Zeichnung auf einem immer wieder gefalteten Papier entsteht, indem jeder Mitspieler einen Teil des Körpers malt, ohne die der anderen zu sehen. Die Resultate sind oft absurd und lustig, jedoch selten so verblüffend wie eine tatsächliche Giraffe oder das Schnabeltier. Als Gott Hiob fragt: »Gabst du den Pfauen die schönen Flügel? oder Flügel und Federn dem Strauß?«, kann der Schöpfer den darin mitschwingenden Stolz auf sein Werk kaum verhehlen.

Unser Glaube an Ungeheuer sitzt so tief, dass Christoph Columbus, nachdem er eine Gruppe von Seekühen an der Mündung des Orinoco gesichtet hatte, in seinem Schiffstagebuch die wunderbare Sichtung von drei Meerjungfrauen notierte, um dann nüchtern anzufügen, sie seien nicht so schön, wie man es ihnen nachsagt. Ungetüme existieren, weil wir wollen, dass es sie gibt, ja sie vielleicht sogar brauchen.

Die Chimäre ist das ungeheuerliche Mischwesen schlechthin. Homer beschreibt den Anblick folgendermaßen: »die göttlicher Art, nicht menschlicher dort emporwuchs: / Vorn ein Löw, und hinten ein Drach, und Geiß in der Mitte, / Schrecklich umher aushauchend die Macht des lodernden Feuers.« Hesiod machte sie (denn die Chimäre ist weiblich) zur Tochter eines weiteren Monsters, der Schlangenfrau Echidna. Er beschreibt die Chimäre als schrecklich, groß, schnellfüßig und stark. Auf ihrer Schulter sitzen wie beim Höllenhund Cerberus, der den Eingang zur Unterwelt bewacht, drei Köpfe: »einer ein reißender Löwe / der zweite eine ziege / der dritte eine breitmaulige Schlange«. Andere Dichter schrieben, sie habe weitere Ungeheuer hervorgebracht wie die von Ödipus bezwungene Sphinx und den nemeischen Löwen, den Herkules erlegte. Die Chimäre wurde von dem Helden Bellerophon besiegt, der auf dem geflügelten Pferd Pegasus ritt. Anscheinend nimmt es mit den Monstern selten ein gutes Ende.

Dennoch haben einige dieser von unseren Vorfahren er-dachten Wesen die Zeiten überdauert. Im Unterschied zur Chimäre sind Kentauren und Meerjungfrauen, Drachen, Greife, Oger und Satyrn auch in unserer Zeit allgegenwär-tig. Die Chimäre hingegen hat sich vom Fabelwesen zum Symbol verwandelt. Nach Robert Graves war die Chimäre für die Antike »ein Symbol für das dreigeteilte Heilige Jahr. Der Löwe war das Emblem des Frühlings, die Ziege des Som-mers und die Schlange das des Winters.« Für uns repräsen-tiert die Chimäre das trügerisch Unmögliche, sie ist ein Name für dasjenige, was zwar erträumt, doch nie erreicht werden kann, wie ein Leben ohne Schmerz oder eine für alle gerechte Gesellschaft.

Was sind die Monster der Gegenwart? Jene, die wir nicht mehr zu den Menschen rechnen und sie »unmenschlicher« Handlungen bezichtigen? Hitler, Stalin, Pinochet, Baschar al-Asssad, Serienmörder und Vergewaltiger werden heute »Monster« genannt, weil sie Dinge getan haben, von denen wir gerne glauben möchten, dass kein wirklicher Mensch zu ihnen imstande wäre. Doch die alten Griechen wussten es besser. Ihre Götter und Monster hatten übernatürliche Fähigkeiten, aber ebenso menschliche Eigenschaften und

Schwächen: Polyphem ist ein Trottel, Cerberus ist gierig, die Kentauren sind weise, die Drachenfrau Melusine ist eine Verführerin, Pegasus berauscht von der eigenen Schnelligkeit und die Hydra von ihrer Stärke. Die Ungeheuer der Antike sind uns unvergesslich, weil sie wie wir Menschen Stolz und Hass, Lust, Neid und Überdruss kennen, weil wir sie fürchten und respektieren als verwandte Geschöpfe, die sich wie wir nach Zuneigung sehnen und ihren Teil des allgegenwärtigen Leids tragen müssen. Cocteau vermutete, die Sphinx habe nur deshalb den Tod gefunden, weil sie sich in Ödipus verliebt und ihm die Antwort auf ihr Rätsel selbst zugeflüstert habe.

Im Vergleich zur Antike ist unsere Epoche zwar insgesamt skeptischer, aber gleichzeitig auf verstörende Weise abergläubisch. Wir geben vor, Rationalisten und wissenschaftlich denkende Wesen zu sein, dennoch glauben wir an kleine grüne Männchen aus dem Weltall (die St. Lawrence-Versicherungsanstalt in Altamonte Springs, Florida, bietet eine Versicherung gegen Entführung durch Außerirdische an), an den scheußlichen Yeti und das Monster von Loch Ness (es gibt sogar Bootstouren mit dem Versprechen auf mögliche Sichtungen) und an Vampire. Noch im Jahr 2004 exhumierten die Angehörigen einer Familie in Rumänien einen Verstorbenen, von dem sie fürchteten, er sei zum Vampir geworden. Sie schnitten der Leiche das Herz heraus, verbrannten es, verrührten die Asche mit Wasser und tranken das Gemisch. In der Antike waren die Ungeheuer den Menschen näher, und diese fühlten sich verantwortlich für sie: Der Minotaurus wurde aus der schändlichen Lust der Pasiphae geboren, doch die Nymphen wurden wiederum erfunden, um die auf dem Schiff zusammengepferchten Seemänner davon abzuhalten, gewisse Grenzen der Kameradschaft zu überschreiten. Wie der Historiker Paul Veyne notiert: »Natürlich glaubten die Griechen an ihre Mythen!« Aber hielten sie sie darum auch für wahr? Die Wahrheit, meint Veyne, sei nur eine dünne Schicht kollektiver Selbsttäuschung, die uns vom Willen zur Macht trennt. Auch heute glauben wir noch an Monster, wollen uns aber nicht verantwortlich für sie fühlen. Für uns liegt die Bedeutung von Ungeheuern wie der Chimäre nicht mehr in der Frage, ob sie wirklich existieren oder nicht, sondern in der Verdrängung der monströsen Wahrheit, dass wir alle, jeder Einzelne von uns, dazu imstande sind, die abscheulichsten Taten zu vollbringen und selbst zum Monster zu werden.

Robinson Crusoe

Wen es auf eine einsame Insel verschlägt, der will möglichst schnell wieder weg. Solange wir auf dem Land festsitzen, mögen wir davon träumen, zu einem unberührten Ufer zu segeln, wo wir eine Welt ganz nach unserer Vorstellung erschaffen könnten, als alleiniger Herrscher über unser eigenes kleines Universum. Sollten wir jedoch wirklich auf so einer Insel landen, wo wir Hunger, Kälte, Furcht, Langeweile und Verzweiflung ausgeliefert sind, würden wir ganz sicher so schnell wie möglich von dort fortkommen wollen. Als Chesterton einmal die Frage gestellt wurde, was er denn auf eine einsame Insel mitnehmen würde, war seine lapidare Antwort: das Handbuch von Thomas zum Schiffsbau.

Was Wunder also, dass es ein Inselvolk war, das die Meere mit Orten bevölkerte, die der Fantasie entsprungen sind und denen es abenteuerliche Geschichten andichtete. Festlandbewohner müssen sich keine anderen Ufer erdenken, leben doch auch jenseits ihrer Berge, Wälder und Täler Menschen, deren Geschichten zu ihnen wandern. Für

Inselbewohner gibt es keine wirklichen »fremden Länder«: Alles ist vertraut, alles ist bereits erschlossen. Deshalb erfanden die Engländer, um über andere Sitten und Lebensformen nachdenken zu können, eine Reihe ferner Trauminseln, die immer ein Stück hinter dem Horizont liegen müssen. Sehnsuchtsorte, die für sie existierten, ganz gleich, ob sie eines Tages entdeckt würden oder nicht. Vorläufer gab es zwar schon im alten Griechenland, in China und der arabischen Welt, doch erst die Inselbewohner Großbritanniens erdachten in zwei kurzen Jahrhunderten jene drei Typen, denen alle imaginären Inseln zuzuordnen sind: Thomas Morus' *Utopia*, die von Kapitän Lemuel Gulliver besuchten Inselreiche und das einsame Eiland des Robinson Crusoe.

Am 25. April 1719 erschien in London in zwei Oktavbänden ein Buch mit dem Titel *The Life and Strange Surprizing Adventures of Robinson Crusoe of York, Mariner,* versehen mit dem Zusatz: »Erzählt von ihm selbst«. Das Buch war sofort ein Erfolg. Der eigentliche Autor Daniel Defoe gab später zu Protokoll, dass die Ereignisse auf Erlebtem fußten. Für den Erfolg des Buches war es ohnedies nicht weiter wichtig, wie wahrheitsgetreu die Darstellung war. Die Eindringlichkeit der Schilderung genügte, um mitzureißen. Der Erzähler mag eine fiktive Figur sein, argumentierten Defoes Leser, doch die Ereignisse waren authentisch.

Und das stimmte. 1704, fünfzehn Jahre vor dem Erscheinen des Buchs, wurde Alexander Selkirk aus unbekannten Gründen vom Kapitän seines Schiffes auf einer unbewohnten Insel namens Juan Fernández vor der chilenischen Küste ausgesetzt, von der er 1709, also fünf Jahre später, gerettet wurde. Selkirks Erlebnisse inspirierten Defoe, der den Bericht des Seemanns zu einer Erzählung über die Gründung einer ganzen primitiven Kultur durch einen einzigen Einsiedler ausbaute. Karl Marx, einer von Defoes namhaftesten und glühendsten Verehrern, beschreibt im *Kapital* Crusoes Arbeitsweise und Buchführung über sich selbst als eine Art ökonomische Theorie im Kleinen. Crusoe ist der *Homo primus*, ein zweiter Adam, der alle Künste und Errungenschaften der Menschheit aufs Neue erfinden muss. Seine Insel wird zum exemplarischen Modell allen menschlichen Strebens. Hier kann er eine ganz neue Weltordnung erträumen, denn, wie der Philosoph Hans Blumenberg schreibt, »der Schiffbruch, als überstandener betrachtet, ist die Figur einer philosophischen Ausgangserfahrung«.

Obwohl Robinson Crusoe am Ende des Buchs in sein Heimatland zurückkehrt, wissen wir Leser, dass er die Insel innerlich niemals aufgeben wird, auf der er Gebieter über sein eigenes Reich und Herrscher über eine ganze Welt war, während er andernorts nur ein Engländer unter vielen ist. Was auch immer Selkirk sich wünschte, für Robinson gibt es kein vollständiges Zurück. In dem 1964 geschriebenen Sonett *Alexander Selkirk* lässt Borges Crusoe bei seiner Ankunft in England klagen:

> Und längst schon bin ich nicht mehr der, der ewig
> das Meer beschaute, diese tiefe Steppe.
> Was tu ich, dass der andre endlich wisse:
> ich bin, gerettet, hier bei meinen Leuten?

Wie der Crusoe-Leser weiß, landet niemand als Allererster auf einer einsamen Insel. Selbst wenn wir glauben, dass nie ein Mensch seinen Fuß je auf diesen Streifen Sand gesetzt hat, existiert allein schon der Akt der Ankunft bereits in unserem literarischen Gedächtnis, und zwar seit jenem Morgen im Oktober 1659, als ein mehr oder weniger hoffnungsvoller Crusoe auf seiner Insel ankam. Die Schweizer Familie Robinson, die sieben Schiffbrüchigen von Gilligan's Island, die Kinder auf der Insel in *Herr der Fliegen,* die peinlichen Kandidaten in den Reality-TV-Shows, der euphorische Neil Armstrong auf dem unberührten Gestirn des Mondes; sie alle folgen einer Choreografie, die sich Daniel Defoe für seinen armen englischen Landsmann Crusoe ausdachte. Selbstredend ist Crusoe dabei ein waschechter englischer Gentleman. Er ist seiner Church of England treu (auch ein paar Werke der sogenannten »Papisten« findet er nicht der Mühe wert), glaubt fest daran, dass alle, die nicht wie er sind, Wilde sein müssen (sprich Kannibalen, sprich Schwarze), und nimmt mit großem Vertrauen in die eigenen Fähigkeiten die Aufgabe auf sich, die Welt jenseits des Empires zu zivilisieren (selbst wenn diese aus nicht viel mehr als ein paar windumtosten Felsen besteht). Er kann und weiß alles: wie man ein Haus baut, einen Zaun zieht, Karten des unbekannten Eilands zeichnet, ein Ziegenfell gerbt und daraus Kleider näht, wie man Getreide anbaut, Tongefäße brennt und damit kocht. So viele Herausforderungen meistert er im Namen der britischen Krone, und niemand ist da, um seine Arbeit zu würdigen!

Also erfindet Defoe ihm einen Gefährten, den Mann namens Freitag. Ohne den unzivilisierten Freitag blieben Crusoes Taten ungewürdigt und der Welt auf tragische

Weise verborgen. Ohne seinen Schatten (denn was ist Freitag anderes als ein dunkler, grober Schatten Crusoes, genauso einsam und unglücklich wie der Engländer), gäbe es Crusoe nicht. Er würde, wie sein griechischer Vorgänger Odysseus, der vom Schicksal von Insel zu Insel getrieben wurde, bis er Jahre später nach Hause zurückkehren durfte, zum Niemand. Ja nicht einmal ein Niemand, denn bevor Freitag auftaucht, bleibt Crusoe ganz ohne Namen, weil ihn keiner danach fragt, keiner mit ihm spricht, keiner sich mit ihm austauscht. Das Tagebuch, in dem er seine Beobachtungen festhält, ist kein Ersatz. Genau wie ein Autor braucht Crusoe ein Gegenüber. Weder der Hund noch die Katze, die Ziege oder der Papagei, die nacheinander im Leben des Schiffbrüchigen auftauchen, können diese Aufgabe erfüllen. Sie leisten ihm zwar Gesellschaft, sind aber nur stummes Publikum seiner Monologe. Freitag hingegen kann sprechen. Und da er offenbar sprachbegabter ist als Crusoe, erlernt er die Sprache Shakespeares, in der Crusoe ihn auch in der christlichen Religion unterweist. Crusoe hingegen wird Freitags Sprache nie lernen und so das wunderbare Glaubenssystem, in das Freitag ihn womöglich hätte einführen können, nie entdecken. Um es kurz zu machen: Freitags Gegenwart ist notwendig, damit Crusoe existieren kann. 1819 publizierte Goethe in seinem *West-östlichen Divan* sein Gedicht »Gingo Biloba«, in dem er das gespaltene Ginkgoblatt besingt, welches zugleich aus einem Stück und dennoch aus zwei Teilen zu bestehen scheint:

Dieses Baums Blatt der von Osten
Meinem Garten anvertraut
Gibt geheimen Sinn zu kosten
Wie's den Wissenden erbaut.

Ist es Ein lebendig Wesen
Das sich in sich selbst getrennt?
Sind es Zwei die sich erlesen
Dass man sie als Eines nennt?

Solche Frage zu erwidern
Fand ich wohl den rechten Sinn;
Fühlst du nicht an meinen Liedern
Dass ich Eins und doppelt bin.

Freitag existiert in Crusoes Vorstellung bereits, bevor sein
Schiff das Dock von Hull verlassen hat. Lange bevor er Freitags Fußspuren im Sand entdeckt, beschäftigt »der Wilde«
Crusoes Gedanken. Weil er nicht englisch, nicht weiß und
kein Christ ist, hat dieser demjenigen zu dienen, der all diese
Eigenschaften auf sich vereint. Für Freitag und seine Nachkommen hat die Erklärung der Menschenrechte ein Jahrhundert später keine nachhaltige Bedeutung. Die Sklaverei
wurde zwar abgeschafft, aber durch andere Formen der
Knechtschaft ersetzt: Kinderarbeit, Hungerlöhne, Enteig-
nungen, Prostitution und Menschenhandel, Genozide, die
Ausbeutung natürlicher Ressourcen, Flucht und Vertreibung. Freitags Schicksal ist es nach wie vor, wenn schon kein
Sklave, so doch ein Geringerer zu sein. Auf dem Feld oder in
der Fabrik, im Büro oder Sweatshop soll er dienen, beschei-

den und unterwürfig. Vielleicht hat Rousseau seinem Zögling Émile gerade deshalb *Robinson Crusoe* als Bettlektüre empfohlen, um ihn diese Lektion in der Kunst des Unrechts zu lehren.

Queequeg

Vielleicht ist die letzte Terra incognita der Körper, den wir bewohnen, alles andere lässt sich irgendwann erkunden. Die entferntesten Sterne und lichtlosesten Täler der Tiefsee stehen der menschlichen Neugier offen, was wir hingegen als unser ureigenstes Selbst reklamieren, gehört uns nur, weil wir so fest daran glauben. Wir erkennen unser Gesicht im Spiegel, doch sehen wir es seitenverkehrt: Links ist rechts und umgekehrt. Unser Rücken ist uns unbekannter als die dunkle Seite des Mondes (zumal dieses letzte Geheimnis gerade von einem chinesischen Expeditionsteam erforscht wurde). Die Haut eines Erwachsenen umfasst eine Fläche, von der wir nur knapp ein Drittel sehen können. In seiner »Hymn to God, My God, in My Sickness« dichtet John Donne »die liebende Sorge meiner Ärzte hat / sie zu Kosmographen gemacht und mich zu ihrer Karte«. Unsere Ärzte können diese Karte viel gründlicher erkunden als wir selbst, als trügen wir auf unserer Haut den Text eines Buches, den nicht wir, sondern nur ein anderer lesen kann.

Etwa fünfhundert Jahre nach Gutenbergs Erfindung des Buchdrucks beschrieb Kafka in seiner Geschichte *In der Strafkolonie* eine der Druckerpresse ähnelnde Höllenmaschine zur Bestrafung Inhaftierter. Sie besteht aus drei Teilen. Auf dem sogenannten Bett wird der Verurteilte festgeschnallt, oberhalb ist der Zeichner angebracht, dazwischen schwebt an einem Stahlband die bewegliche Egge. Die Egge verfügt über Reihen von kurzen und langen Nadeln. Die langen Nadeln schreiben in die Haut des Delinquenten den Wortlaut jenes Gesetzes ein, das er übertreten hat, während die kleineren Wasser ausspritzen, um das Blut abzuwaschen und die Inschrift sauber zu halten. Der Apparat ist eine automatisierte Schreibmaschine, eine monströse Parodie von Gutenbergs Erfindung, über die Elizabeth Eisenstein schreibt: »Sie ließ die Worte Gottes vielfältiger und sein Handwerk einheitlicher erscheinen.« Das Grausame an Kafkas Apparat ist nun, dass der Verurteilte nie erfährt, was die Inschrift besagt.

In *Moby Dick* trägt der Walfänger Queequeg hieroglyphische Zeichen auf der Haut, die ein verblichener Prophet und Seher von seiner Heimatinsel Kokovoko ihm eintätowiert hat. Diese Zeichen ergeben eine vollständige Theorie über Himmel und Erde, eine mystische Abhandlung über die Kunst der Wahrheitsfindung. Sodass Queequeg, wie Ismael erklärt, »ein leibhaftiges Rätsel war, das es zu lösen galt, ein Wunderwerk in einem Bande, dessen Mysterien jedoch nicht einmal er selbst zu enträtseln verstand, obwohl doch sein eigenes lebendiges Herz unter ihnen schlug, weshalb diese Mysterien dazu bestimmt waren, am Ende gemeinsam mit dem lebendigen Pergamente, auf dem sie geschrieben standen, zu vermodern und somit auf ewig rätselhaft zu bleiben«. Diese Unlösbarkeit des Rätsels hat, wie Ismael vermutet, Ahab dazu getrieben, eines Morgens angesichts des tätowierten Mannes auszurufen: »O teuflische Tantalusqualen, wie sie die Götter ersinnen!«

Ismael trägt ebenfalls Tätowierungen auf der Haut, doch

hierbei handelt es sich um die Vermessungsdaten eines ungewöhnlichen Walskeletts, die er sich auf den Arm hat stechen
lassen, weil »das damals während meiner wilden Wanderun-
gen der einzige sichere Weg war, solche wertvollen Statistiken
zu erhalten«. Den übrigen Teil seines Körpers hält er frei »als
Tabula rasa für ein Gedicht, an dem ich damals saß«. Quee-
quegs Tattoos bilden den Kosmos ab, Ismaels sind nur private Notizen. Ray Bradbury – der auch das Script für John
Houstons Verfilmung von *Moby Dick* verfasste – muss, als
er seine Erzählsammlung *Der illustrierte Mann* betitelte, an
Queequeg gedacht haben.

Queequeg kann nicht lesen. Als ihm ein Buch in die Hände
fällt, zählt er sorgfältig die Seiten und hebt nach jeder fünf-
zigsten den Kopf, schaut sich um, pfeift überrascht und zählt
weiter. Ismael versucht ihm den Sinn gedruckter Buchstaben
und die Bedeutung der Abbildungen in dem Buch zu erklären. Sein Bemühen knüpft ein inniges Band zwischen den
beiden Männern, die sich im Zwiegespräch wie »ein trautes
Liebespaar« ein Bett teilen. Auf der einen Bettseite der grüb-
lerische, lesende Mann, der unglücklich ist und mit seinen
abenteuerlichen Seereisen auf eine Art uneingestandenen
Selbstmord zusteuert, auf der anderen der leseunkundige
Mann, der sich selbst vollends genug ist und wie die wahrhaft
großen Philosophen sein eigenes Leben und Streben nicht
immerzu infrage stellen muss.

Für Ismael ist die See der Erbfeind nicht nur der seefahrenden Menschen, sondern auch ihrer eigenen Brut, »schlimmer
als der persische Gastgeber, der seine eigenen Gäste meu-
chelte«, und so anders als »die sanfte, grüne und fügsame
Erde«. Ismael richtet sich direkt an den Leser: »Betrachte sie

beide, die See und das Land – bemerkst du nicht in dir die seltsame Entsprechung? Denn wie dies schaurige Weltmeer das grüne Land umschließt, so liegt ein Eiland in des Menschen Seele, ein Tahiti, voller Frieden, voller Freude – jedoch umringt vom ganzen Grauen unseres kaum gekannten Lebens.« Und er schließt diese Betrachtungen mit der Warnung: »Gott schütze dich! Leg nicht von jenem Eiland ab, denn du kannst nie zurück!«

Queequeg macht sich keine allzu großen Sorgen über Dinge, die er nicht versteht, und dass er nicht lesen kann. Allein dass es solche Zeichen wie die auf seiner Haut gibt, macht ihn glücklich. Er hat seinen Frieden gemacht. Und doch: »Die Welt ist böse, und zwar in allen Breiten«, weshalb er beschlossen hat, weiterhin dem schützenden Zauber seines hölzernen kleinen Gotts Jojo zu vertrauen und als Heide zu sterben.

Ismael hingegen gehört zum selben Schlag wie Stubb, der zweite Steuermann, der glaubt: »Alles, was du siehst, gleicht einer Pappenmaske. In allem aber, was geschieht – im echten Handeln, der bedenkenlosen Tat –, scheint das Gebilde eines unbekannten, jedoch vernunftbegabten Dings hinter der vernunftlosen Maske auf.« Stubb fährt fort: »Dies unfassbare Ding ist es vor allem, was ich hasse.« Queequeg wiederum scheint nicht einmal zu wissen, was Hass ist.

Als Queequeg krank wird und glaubt, sterben zu müssen, weigert er sich, in einen Seesack eingenäht und wie irgendetwas Wertloses den Haien zum Fraß vorgeworfen zu werden. Stattdessen will er in einem Kanu ins andere Leben treiben. Der Zimmermann fertigt ihm aus einem »Stapel alten, sargschwarzen Holzes«, das in den jungfräulichen Hainen der Lakadiven gefällt worden war, ein Bestattungskanu. Queequeg legt in das Kanu seine Harpune, Schiffszwieback, eine Flasche Trinkwasser, ein kleines Beutelchen mit holziger Erde und ein zu einem Kissen zusammengerolltes Stück Segeltuch. Doch wider Erwarten erholt sich Queequeg. Wie Sokrates erinnert er sich an eine noch nicht beglichene Schuld an Land, ändert daraufhin (hier anders als Sokrates) seine Meinung über das Sterben und beschließt einfach, gesund zu werden. Queequeg glaubt, »dass eine bloße Krankheit einen Menschen, der zum Leben entschlossen sei, nicht umbringen könne – nichts könne das außer ein Wal oder ein Sturm oder eine zerstörerische Macht ähnlicher Art, gewalttätig, unbeherrschbar, vernunftlos«. Das von Queequeg nicht mehr gebrauchte Kanu wird später zu Ismaels Rettung. Als das Schiff untergeht, schießt es wie eine Rettungsboje aus dem Strudel hervor und wiegt sich sanft neben ihm im Wasser. Eine Nacht und einen Tag später wird Ismael von der noch auf der Suche nach ihren eigenen verlorenen Kindern in diesen Gewässern kreuzenden *Rachel* gerettet.

»Alles Irdische bezweifeln, manches Himmlische erahnen«, sagt Ismael, »dadurch wird einer weder gläubig noch ungläubig; er wird jedoch zu einem Menschen, der beides fest ins Auge fasst.« Und Queequeg ist solch ein Mann.

Tyrann Banderas

Dies aber ist die sogenannte Tyrannei, welche nicht im Kleinen sich fremdes Gut mit List und Gewalt zueignet, heiliges und unheiliges, Gemeingut und Eigentum, sondern gleich insgesamt alles, was, wenn einer es veruntreut und dabei entdeckt wird, ihm die härtesten Strafen und Beschimpfungen zuzieht«, lesen wir in Platons *Der Staat.* Und dann entlarvt Sokrates, der hier das Wort führt, den Tyrannen: »So ist der rechte Tyrann auch ein rechter Sklave vermöge der ärgsten Augenbinderei und Knechtschaft und als ein Schmeichler und schlechtester Mensch. Und keineswegs

etwa erfüllt er seine Begierden, sondern fast an allem fehlt es ihm, und der Wahrheit nach erscheint er arm, wenn einer die ganze Seele versteht ins Auge zu fassen, und sein ganzes Leben lang immer in Furcht und voll Krampf und Schmerzen, wenn er im gleichen Zustand ist wie der Staat, über den er gebietet.« Er schließt diese Beobachtung mit den Worten: »Es gibt keine verkommenere Stadt als eine von einem Tyrannen regierte.«

Der Tyrann, den Sokrates hier beschreibt, ist eine universelle Spezies, die in allen Zeiten und Ländern auftreten kann. Lateinamerika hatte in den letzten zweihundert Jahren besonders viele zu bieten – dicht gefolgt vom afrikanischen Kontinent und dem ehemaligen Ostblock. Warum gerade Lateinamerika über solch einen langen Zeitraum einen so imposanten Katalog der Infamie hervorgebracht hat, bleibt eine wohl unlösbare Frage. Der Freiheitskämpfer Simón Bolívar sah in einem Brief aus dem Jahre 1830 dieses Unglück bereits heraufziehen, ohne jedoch ein Gegenmittel parat zu haben. »América (bei ihm stand dieser Name, wie die USA es sonst zu tun pflegen, nur für den eigenen Teil des Kontinents) ist für uns unregierbar. Wer der Revolution diente, pflügt heute die See in wilder Flucht. Auswandern ist unsere einzige Möglichkeit. América muss unweigerlich in die Hände eines Haufens hemmungsloser Kleinsttyrannen aller möglichen Farben und Rassen fallen, jeder für sich zu unbedeutend, um von ihm auch nur Notiz zu nehmen.«

Die Erfüllung dieser Prophezeiung inspirierte Carlos Fuentes beinahe anderthalb Jahrhunderte später zu dem an seine Schriftstellerfreunde gerichteten Vorschlag, jeder möge einen Roman über den jeweiligen heimischen Diktator schreiben.

Fuentes wollte die Reihe »Die Väter der Heimat« nennen. Ihm war aufgefallen, dass jedes der siebenundzwanzig Länder Lateinamerikas sich mit mindestens einem Tyrannen schmücken konnte (wenn man das so sagen kann), viele hatten sogar zwei oder drei zur Auswahl. Das Projekt wurde leider nie abgeschlossen, es gingen jedoch einige Meisterwerke daraus hervor: zu Kolumbien Gabriel García Márquez' *Der Herbst des Patriarchen*, Miguel Angel Asturias verfasste *Der Herr Präsident* über Guatemala, Augusto Roa Bastos *Ich, der Allmächtige* zu Paraguay und der Peruaner Mario Vargas Llosas *Das Fest des Ziegenbocks* (welches allerdings in der Dominikanischen Republik spielt). Fuentes selbst publizierte 1962 seinen Roman *Der Tod des Artemio Cruz*. Auf alle diese Romane passt, was Sokrates über den Tyrannen sagte.

Selbst Schriftsteller aus Europa inspirierte die düstere Gestalt des lateinamerikanischen Tyrannen. Von Joseph Conrads *Nostromo* über Herbert Reads *The Green Child* und Graham Greenes *Der Honorarkonsul* bis hin zu Daniel Pennacs *Der Diktator und die Hängematte*. Dabei steckten die europäischen Schriftsteller die ihnen vom eigenen Kontinent vertrauten Gestalten in ein exotisches Gewand. Die wohl komplexeste, rätselhafteste Verkörperung dieser Figur ist Ramón del Valle-Incláns *Tyrann Banderas*.

1866 in einer armen, ländlichen Gegend in Galicien geboren, schaffte Valle-Inclán es an die Universität von Santiago de Compostela. Nach seinem Abschluss arbeitete er als Journalist in Madrid. Seine ersten Veröffentlichungen standen unter dem Einfluss von Modernisten wie Rubén Darío (der damals in Spanien lebte) und zeichneten das Bild einer dem menschlichen Willen und seinem Vergnügen gänzlich unterworfenen Welt, in welcher der Held eine Mischung aus Soldat und Liebhaber zu sein hatte, eine Kreuzung aus Nietzsches Übermenschen und Tirso de Molinas Version des Don Juan. Ein Kritiker beschrieb diese frühen Werke treffend als »lyrische Ausdünstungen«. Ein Aufenthalt 1916 in Frankreich als Kriegsberichterstatter änderte für immer Valle-Incláns Sicht auf Krieg und Gewalt. Der bereits fünfzigjährige Schriftsteller wurde von einem Parteigänger konservativ-aristokratischer Ideale (1910 hatte er sich für eine rechte Partei um einen Platz im Abgeordnetenhaus beworben und das Mandat verfehlt) zu einem Linken (wieder kandidierte er als Volksvertreter, diesmal als Mitglied einer linken Partei, und scheiterte abermals). Um seine neue Weltsicht zu vermitteln, schrieb Valle-Inclán nun eine raue und ungeschönte Prosa, in welcher seine bis heute bekanntesten Theaterstücke und Romane verfasst sind. Er nannte diese Versuche *esperpentos*. In diesen furchteinflößenden Grotesken wandelte er klassische Motive der europäischen Literatur zu schrecklichen Zerrbildern ab. Das erste dieser Esperpento-Bücher (und sein berühmtestes) war *Tyrann Banderas*.

Das Buch spielt in dem fiktiven südamerikanischen Land Santa Fe de Tierra Firme, wurde jedoch ganz offensichtlich durch Valle-Incláns Reisen nach Mexiko inspiriert. Er besuchte das Land zuerst 1892, damals noch als 36-jähriger Gelegenheitsdichter, und später noch einmal 1921 als anerkannter Schriftsteller. Um die Zensur unter Primo de Rivera zu umgehen, der von 1923 bis 1930 in Spanien regierte (Valle-Inclán wanderte wegen seiner Anti-Rivera-Haltung sogar zeitweise ins Gefängnis), versetzte er die Beschreibung von Riveras Diktatur nach Lateinamerika. Er konnte so auch das

Treiben des mexikanischen Diktators Porfirio Díaz mit ein-
fließen lassen und war nicht an dokumentarische Exaktheit
gebunden. Doch das war noch nicht alles. In einem Brief an
den Gelehrten Alfonso Reyes benannte Valle-Inclán seine
versammelten lateinamerikanischen Diktatorenvorbilder: Es
sei »ein Buch über einen Tyrannen mit Merkmalen, die ich
Dr. Francia, Rosas, Melgarejo, López und Porfirio Díaz ent-
liehen habe«. Wer auch immer alles Pate stand – das Buch
wurde ein immenser Erfolg. »Was ich vor *Tyrann Banderas*
geschrieben habe, ist Gefiedel«, gestand Valle-Inclán in einem
Interview. »Dies ist mein erster Roman. Mein Werk beginnt
jetzt.« Zu diesem Zeitpunkt war er bereits sechzig Jahre alt.

Das Leben des Santos Banderas puzzelt sich aus Frag-
menten, Dialogschnipseln und kurzen Handlungsepisoden
zusammen. Ein Flickenteppich, der von einem strengen, mathematischen Aufbau zusammengehalten wird. Wie Dantes
Göttliche Komödie (die Valle-Inclán als Jugendlicher gelesen
hat und sehr bewunderte) wird die Lebensbeschreibung des
Tyrannen Banderas durch die Zahlen Drei und Sieben geglie-
dert: Das Buch hat einen Prolog und einen Epilog und ist
in sieben Teile aufgeteilt, von denen der mittlere von sieben
Büchern gebildet wird, die übrigen sechs bestehen aus jeweils
drei Büchern. Als Summe ergibt dies 27 (drei mal drei mal
drei). Außerdem spielt die Handlung über einen Zeitraum
von drei Tagen, und es gibt drei Schlüsselszenen: die erste im
Prolog, die zweite in der Hälfte des Buchs und die letzte im
dritten Buch des dritten Teils.

Diese Zahlenobsession könnte mit Valle-Ineláns Faszination für das Okkulte zusammenhängen, wo die Zahlen Drei
und Sieben eine verhängnisvolle Kraft besitzen. So verfügen

die Hauptfiguren denn auch über übermenschliche Kräfte. Banderas soll wie Faust einen Pakt mit dem Teufel eingegangen sein: Er schläft nie, hat keine engen Freunde und schreckt vor keiner noch so ruchlosen Tat zurück. Sein Gegenspieler Don Roque Cepeda verfügt ebenfalls über eine Aura des Mysteriösen. Doch bei ihm stammt das okkulte Wissen aus seinem Studium der Theosophie, einem antiken Glaubenssystem, wonach der »Suchende« den Sinn aller sichtbaren und unsichtbaren Dinge verstehen und mit Geistern kommunizieren kann. Der ganze Roman ist von einer Atmosphäre des Fantastischen durchdrungen. Obwohl es nie offen zutage tritt, wird ständig auf das Unheimliche und Überweltliche angespielt, in Gestalt von abergläubischen Bräuchen und den Kommentaren der indigenen Bevölkerung, ja selbst in den Landschaftsbeschreibungen.

Banderas ist ein Indio mit einigen wenigen Tropfen spanischem Blut. Er ist gewalttätig und blutrünstig, er glaubt jedem Gerücht und spielt seine Feinde gegeneinander aus, dennoch hat er auch eine puritanische Seite und verabscheut Ehebruch und Prostitution. Ein schweigsamer Mann, der sich lautlos bewegt und wie ein Priester immer in Schwarz gekleidet ist. Sein durchdringender, stechender Blick ist unergründlich, seine Rede salbungsvoll, aber trügerisch und sein Lachen schrill und essigsauer. Wie viele lateinamerikanische Tyrannen (denken wir nur an Rosas, Stroessner, Videla) hält er sich selbst für einen Patrioten, in Wahrheit ist sein Ziel jedoch die nackte Macht. Und dies ist allen lateinamerikanischen Tyrannen gemeinsam: Ihr Aufstieg zur Macht resultiert aus jener »Unregierbarkeit« Américas, die Bolívar diagnostizierte. Keine Verfassung verweist den Tyrannen in seine Schranken, ja die Gesetze verkommen zu rhetorischer Staffage eines barocken Karnevals der Grausamkeiten.

Der opernhafte Schluss setzt allen Albträumen der gesichtslosen Opfer die Krone auf: Im Kloster von San Martín de los Mostenses wird Banderas von seinen Feinden umstellt und erkennt, dass er verloren ist. Daraufhin ersticht er die eigene Tochter mit einem Dolch, um sie vor den Händen seiner Häscher zu bewahren, und wird selbst von einem Kugelhagel niedergestreckt. Sein Kopf wird vom Rumpf abgetrennt und drei Tage lang auf dem Marktplatz zur Schau gestellt, sein Körper viergeteilt und in alle vier Himmelsrichtungen verschickt.

Obwohl die Charaktere um Santos Banderas komplexe Figuren mit vielen Gesichtern sind, ist es die im Hintergrund umherschwärmende Masse anonymer Untertanen, die am beeindruckendsten dargestellt ist. Soldaten, Ureinwohner, Prostituierte, Diener, Gefängnisinsassen, Bauern, Diplomaten und Politiker bilden ein gewaltiges, vielköpfiges Monstrum, das den Tyrannen unablässig umkreist. Unsere eigenen Erfahrungen im 21. Jahrhundert bestätigen dies: Ein Tyrann, der seinen Weg zur Macht herbeischreit und -tweetet, braucht eine kriecherische Masse aus stumpfsinnigen und opferbereiten Unterstützern.

Cide Hamete Benengeli

In der glorreichen Geschichte der spanischen Literatur ist er der größte Schriftsteller. Er schrieb nicht auf Kastilisch, sondern in dem unter konvertierten und nicht konvertierten Arabern üblichen Aljamiado. Wie das Ladino der spanischen Juden in Nordafrika war Aljamiado – eine Mischung aus Arabisch und Kastilisch, aber geschrieben im arabischen Alphabet – eine lebendige Sprache, die im arabischsprachigen Teil Spaniens florierte bis zu ihrem abrupten Absterben durch die Ausweisung der Morisken 1609. Das Buch, das ihn berühmt machte, wäre beinah verloren gegangen, wie so viele andere Bücher, deren Phantome als uneingelöstes Versprechen unsere Bibliotheken heimsuchen: das dem Homer zugeschriebene, komische Epos *Margites*, welches für Aristoteles die Mutter aller Komödien darstellte, oder das zweite Buch der *Poetik* ebenjenes Aristoteles, das als Mordmotiv in Umberto Ecos *Der Name der Rose* eine prominente Rolle spielt. Es ist einem Soldaten mit literarischer Neigung des Namens Miguel de Cervantes Saavedra

zu verdanken, dass wenigstens dieses Meisterwerk gerettet wurde.

Wie wir wissen – schließlich hat er es uns in seinem Vorwort selbst erzählt –, hatte jener Cervantes eines Tages damit begonnen, eine Geschichte über einen in die Jahre gekommenen Ritter, geboren in einem spanischen Städtchen, an dessen genaueren Namen sich der Autor nicht erinnert, zu schreiben. Cervantes saß, als er zur Feder griff, im Gefängnis, eines Verbrechens angeklagt, das er nicht begangen haben will. Möglicherweise angestachelt durch diese Erfahrung großen Unrechts, begann er sich einen Mann auszumalen, zugleich lächerlicher und mutiger als er selbst, der sich allen Widerständen zum Trotz gegen das tagtägliche Unrecht in der Welt zur Wehr setzten sollte. Eingepfercht zwischen vier nasskalten Wänden, »wo jede Unbequemlichkeit zu Hause ist und alles traurige Geräusch seine Wohnung hat«, fühlte Cervantes sich wohl in jene Zeit zurückversetzt, als er nach der Schlacht von Lepanto in Algier im Kerker saß. Im Gefängnis erdachte er einen Mann, der sich weigert, vor den heuchlerischen Konventionen der Welt einzuknicken, und stattdessen beschließt, nichts und niemandem außer dem eigenen Rechtsempfinden zu folgen. Der spanischen Gesellschaft nach der Reconquista, die von ihren nicht christlichen Bürgern verlangte, ihrem Glauben abzuschwören und ein Leben hinter der Fassade der Angepasstheit zu führen, setzte seine Kunstfigur des Don Quijote den Grundsatz absoluter Freiheit entgegen, nach dem jeder seine eigenen Wertmaßstäbe setzt und sie ungeachtet anderer Meinungen zur Schau trägt.

Als Cervantes beim achten Kapitel der wundersamen Abenteuer seines Helden angekommen ist, verlässt ihn nach eigenen Angaben die Inspiration, und er unterbricht die Arbeit mitten in einer spannenden Szene, in der sich Don Quijote zu einem Duell bereit macht. Er lässt den Text liegen, bis er eines Tages über den Markt von Toledo schlendert und zufällig an einem Verkaufsstand auf einige zerfledderte Schreibhefte stößt. Cervantes ist einer jener unverbesserlich neugierigen Leser, die alles entziffern müssen, selbst von der Straße aufgelesene Zettel oder wie hier ein in fremder Sprache verfasstes Manuskript. Er kauft es und bringt es zu einem Übersetzer für Arabisch. Einen solchen in Toledo zu finden war wahrlich nicht schwer, ist die Stadt doch jahrhundertelang eine Hochburg der Übersetzerkünste. Und obwohl die spanische Krone im Zuge der Reconquista Mauren und Juden des Landes verwies, ließen sich auch damals noch viele sprachkundige Leute in der Nähe des Marktes finden. Das Manuskript entpuppt sich verblüffenderweise als Fortsetzung der Abenteuer eines gewissen Ritters von der traurigen Gestalt. Cervantes lädt den Übersetzer zu sich nach Hause ein. Nach anderthalb Monaten und der Zahlung von fünfzig Pfund Rosinen (die Entlöhnung für Übersetzerarbeiten ist auch heute kaum besser als in jenen Tagen) war die Übertragung der weiteren Abenteuer des Don Quijote ins Spanische abgeschlossen. Der Name des Autors des ursprünglichen Werkes, das wir von nun an lesen, wenn wir Cervantes' Bericht glauben wollen, lautet Cide Hamete Benengeli.

Cervantes sagt uns in aller Offenheit, dass er keinesfalls der Vater, sondern lediglich der Stiefvater des Buches ist, nicht der Erfinder dieser Geschichte, sondern nur ihr Überbringer. Die Leserschaft hat ihm das nicht abgenommen. Wir finden es glaubwürdiger, dass Cervantes sein Buch im Gefängnis geschrieben hat, als dass er dieses hochberühmte Werk gefunden haben will. An beidem ist etwas Wahres dran. Cervantes lebte (ganz wie wir) in einer Zeit, in der Rollen gespielt und Masken getragen wurden.

Noch zu Cervantes' Lebzeiten waren zwei Drittel der Bevölkerung der hispanischen Halbinsel – der muslimische und jüdische Teil – von dort verbannt worden. Nur wer zum Christentum konvertierte, oder es zumindest vorgab, durfte bleiben. Konvertierte Muslime wurden Moriscos und zum Christentum übergetretene Juden Conversos genannt. Der Religionsfrieden, den die katholische Krone nach der Einnahme Granadas 1492 proklamiert hatte, wurde sieben Jahre später aufgehoben. Zwischen die Erscheinungsjahre des ersten (1605) und des zweiten Teils des *Don Quixote* (1615) fällt die folgenschwere Entscheidung der spanischen Krone, auch die verbliebenen Konvertiten zu vertreiben, mit der Begründung, diese hätten ihren Glaubenswechsel in betrügerischer Absicht nur vorgetäuscht. In einer solchen Welt herrscht der Schein über das Sein und Verstellung über Fakten.

Da Vorurteile das Komplizierte nicht ertragen, wurde die Vielfalt der in Spanien lebenden arabischsprachigen Ethnien (die Menschen aus Al-Andalus, Tunesien, Algerien, Marokko, der Türkei und zahlreichen kleineren Ländern des Mittleren Ostens) auf den Begriff »Mauren« reduziert. Diese Mauren, ob sie nun erst kürzlich oder vor langer Zeit nach Spanien gekommen waren, ob sie an ihrem Glauben festhielten oder zum Christentum übertraten, wurden zum Feindbild schlechthin erklärt, zum Inbegriff all dessen, was ein wahrer Christ nicht ist. Wie kommt es also, dass ein spanischer Schriftsteller einen anderen Autor als geistigen Vater seines Werkes hinstellt – und zwar nicht irgendwen, sondern einen Repräsentanten ebenjenes Volks, das gerade vertrieben wird, einen von »der gegenüberliegenden Seite«, wie jene algerischen Piraten, welche gemäß dem Volksglauben Rache an den Spaniern verübten, indem sie ihre Städte plünderten und ihre Schiffe überfielen, und von denen Cervantes fünf lange Jahre lang als Geisel gehalten worden war?

Nur die Ungewissheit ist gewiss in der Erzählwelt des Cide Hamete Benengeli, die Unzuverlässigkeit der Erinnerung: Wo genau kam Don Quijote von La Mancha her? Wie lautet doch gleich der Nachname der Hauptfiguren (heißt der alte Edelmann nun Alonso Quixada oder Quesada oder Quixana)? Lautet Sanchos Familienname Panza oder Zancas? Und wo bleibt der Leser, wenn Don Quijote und Sancho im zweiten Teil des Buchs in einer Druckerei in Barcelona höchstselbst eine Ausgabe ihrer eigenen Abenteuer lesen? Und dann ist da noch jener von Cervantes im achten Kapitel so plötzlich abgebrochene Handlungsstrang, der, von eingeschobenen Geschichten, Essays und Gedichten unterbrochen, dann wieder zurück ins Haus des Ritters führt und von dort wieder auf die Straße, wo das Duell stattfindet. Dies läuft der klassischen Handlungsführung, wie Aristoteles sie beschrieben hat, zuwider, zerfasert zu einem Knäuel, das Cide Hamete mit einem zerzausten, verdrehten und ausgefransten Faden vergleicht. Die Realität stellt sich als eine Abfolge von Skizzen und Bruchstücken dar, als eine Chronik, die abwechselnd die Weltsicht eines Verrückten (Don Quixote) oder eines Mannes, den die Gesellschaft für übergeschnappt hält (Alonso Quijano), nachzeichnet oder widerlegt. Deshalb ist es stimmig und sogar notwendig, dass der Autor, der uns diese Realität präsentiert, ebenfalls nur näherungsweise und bruchstückhaft bekannt ist. Um das Unbeschreibliche zu beschreiben, wählte der Autor des *Don Quixote* als sein Selbstporträt die Figur des Verbannten, also eines Mannes, der, weil er Außenseiter ist, am allerbesten erfassen kann, von welchen Lügen die Gesellschaft lebt und was um den Preis ihres brüchigen Zusammenhalts ausgeschlossen werden muss. *Don Quixote* ist, neben vielen anderen Dingen, ein Spiel mit in Paaren auftretenden Schatten: Alonso Quijano und Don Quixote, Don Quixote und Sancho, Aldonsa Lorenzo und Dulcinea, Sancho und Alonso Quijano. Und Borges hat mit seiner Erzählung *Pierre Menard, Autor des Quijote* noch eine Art Über-Autor draufgesetzt, der sie alle vereinnahmt.

Beim Lesen vergisst man leicht, dass das Buch von Cide Hamete eine Übersetzung sein soll, also ein literarisches Werk, das wert befunden wurde, in eine andere Sprache übertragen zu werden, was seine Leserschaft und sein Prestige vergrößert. Im Spanien des 15. und 16. Jahrhunderts galt schon allein die Tatsache, dass ein Buch übersetzt wurde, als Gütesiegel. Durch den Kunstgriff des doppelten Autors wird das Buch somit zum anerkannten Werk. Ein Buch, das den mittelalterlichen Kodex der Ritterlichkeit, welcher dem Helden gebietet, stets gerecht zu handeln, egal, um welchen Preis, zugleich überhöht und verspottet. Und doch, selbst wenn gerechtes Handeln nicht mehr bedeutet, als angesichts des Unrechts an einem Ideal festzuhalten, so ist solch ein Buch ein mutiger Versuch, Gottes Schöpfung den Entwurf einer besseren Welt gegenüberzustellen.

Wenn Don Quijotes Ethik sich in Ritterlichkeit zeigt, so ist sie damit allein noch nicht erklärt. Gutes Verhalten bewirkt nicht notwendig, dass auch Gutes geschieht, da Gott allein über den Ausgang unseres Tuns bestimmt. Der Wunsch, gerecht zu sein, verhilft der Gerechtigkeit noch nicht unbedingt zum Sieg: Das ist allein Gottes Vorrecht. Und hiermit befinden wir uns im Reich der islamischen und nicht mehr der christlichen Tradition. Der Koran kennt das folgende Paradox: »Und wer da will, der nimmt zu seinem Herrn einen Weg. Doch könnt ihr nicht wollen, es sei denn, dass Allah will. Siehe, Allah ist wissend und weise.« Don Quijote mag durch den Willen Gottes an die Gerechtigkeit glauben, doch dies ist noch keine Garantie für die Folgen seines Handelns. So wie Hiob Schicksalsgläubigkeit geschenkt wird, damit er Gott den Spiegel seines Leids vorhalten kann, so hält Don Quijote Gott den Spiegel seiner (Gottes) Gerechtigkeit vor.

Doch können wir uns damit zufriedengeben? Unsere Generation verlangt vom Autor, er solle ein Held sein, ein Star. Wir wären glücklich, wenn Cervantes sich als Renegat entpuppte, möglicherweise als Sohn eines unfreiwilligen Konvertiten, als Gefangener mit Stockholmsyndrom, der im Gefängnis von Algier seine maurischen Häscher lieben lernte mitsamt ihrer ausgegrenzten Kultur. Darin, dass Cide Hamete Benengeli die Autorschaft verliehen wird, wollen wir eine Geste der Wiedergutmachung und Anerkennung sehen, in den Hommagen an die arabische Kultur eine Weigerung zu vergessen. Die in dem Buch durchaus auch vorkommenden Verunglimpfungen der Mauren wollen wir hingegen als Konzession an den Zeitgeist sehen, nicht anders als die rassistischen Untertöne im *Herz der Finsternis* und die antisemitischen in *Der Kaufmann von Venedig*. Wir wollen, dass von Cervantes inmitten größter Ungerechtigkeit, tyrannischen

Machtstrebens und der Vertreibung Mittel und Wege findet, seinen Protest zu artikulieren und das Banner des Humanismus hochzuhalten. Der Autor soll unser Gewissen reinwaschen, uns von unserer Schuld befreien.

Leider ist das wohl kaum mehr als Wunschdenken. Höchstwahrscheinlich benutzt Cervantes bloß einen klugen literarischen Kniff, als er Cide Hamete seinen *Don Quixote* zuschrieb, so wie ein Krimiautor die unverdächtigste Figur zum Mörder macht. Nicht weil diese Wahl symbolisches Gewicht hätte, sondern weil es dramaturgisch so wirkungsvoll ist. Wahrscheinlich waren Cervantes' Ansichten in der Maurenfrage genauso konfus und widersprüchlich wie die seiner Zeitgenossen, und da er kein politisches Traktat, keinen geschichtlichen Abriss schrieb, kümmerte dies ihn wenig, solange die Geschichte nur wie am Schnürchen lief. Cervantes wird keinen Gedanken darauf verschwendet haben, ob seine Leser in einer fernen Zukunft wissen wollten, was er über seine eigene Zeit und Kultur zu sagen hatte. Er hatte keinen blassen Schimmer, dass seine Leser heutzutage an seinen politischen Ansichten interessiert sein würden statt am Ausgang der Geschichte. Er hätte sich nicht ausmalen können, dass wir heute unter »authentisch« eine chronologische Abfolge historisch dokumentierter Fakten verstehen und nicht vielmehr die innere Wahrheit einer Erzählung. Schriftsteller heute stöhnen oft, dass ihnen Meinungen über alles und jedes abverlangt werden: vom richtigen Essen, fairer Kleidung bis hin zu ethischen Problemen und der Genderdebatte. Wir gehen – in der Annahme, sie wollten uns in ihrem Werk über diese Dinge aufklären – sogar so weit, auch längst tote Autoren auf ihre Meinung hin abzuklopfen: Was dachte Homer über den Krieg, Sophokles über Frauen, Shakespeare über Juden, Voltaire über die Bürgerpflicht? Dabei vergessen wir, dass es in der Literatur nicht um Belege und Dogmen geht, sie übermittelt keine allzeit gültigen Botschaften, keinen Katechismus. Ganz im Gegenteil lebt und gedeiht Literatur durch den Widerspruch und das Zweideutige, durch halbgare Meinungen, Andeutungen, Ahnungen und rohe Affekte.

Selbstverständlich können wir versuchen, Cide Hamete auf unser Heute zu befragen. So wie Leser im Mittelalter in den *Sortes Vergilianae* Vergils Werk zur Vorhersage der Zukunft verwendet haben. Wir können mit dem Buch Zwiesprache halten, Erleuchtung suchen, in ihm mit unbändiger Freude weise Vorahnungen oder rebellisches Gedankengut entdecken und es als heroische Auflehnung gegen die Übel seines Zeitalters lesen – doch Cide Hamete wäre dies sicherlich fremd gewesen.

Genies sind, wie wir alle wissen, äußerst selten wahre Engel. Nur weil wir Kunst mit hehren Werten assoziieren, stellen wir uns auch den Künstler als guten und tugendhaften Menschen vor. Wer auch immer Cervantes war und was er über Spanien und die Politik zur Zeit der Reconquista dachte, ist letztlich gleichgültig. Viel wichtiger ist der Umstand, dass die große Berühmtheit dieses Werks uns daran gemahnt, dass ausgegrenzte Kulturen nicht so leicht zum Verstummen gebracht werden, dass Abwesenheit in der Geschichte genauso greifbar sein kann wie Anwesenheit und dass die Literatur oft weiser ist als der weiseste Literat.

Hiob

Die Frage ist: Worauf wartet er?

Er war, wie das Heilige Buch uns verrät, ein untadeliger und rechtschaffener Mann, der Gott fürchtete und das Böse mied. Er war verheiratet, hatte sieben Söhne und drei Töchter, siebentausend Schafe, dreitausend Kamele, fünfhundert Joch Rinder, fünfhundert Esel und zahlreiches Gesinde. An Ansehen übertraf dieser Mann alle Bewohner des Ostens. Obwohl der gute Mann keiner Fliege etwas zuleide tun würde, stand er doch jeden Morgen früh auf, um Brandopfer für jedes einzelne seiner Kinder darzubringen, falls eines eine Sünde begangen oder Gott in seinem Herzen verflucht hätte. »Sicher ist sicher«, wird sich Hiob gesagt haben. Und so gingen die Tage und Nächte für den alten, von seiner Familie und seinem Vieh umgebenen Hiob in Wohlgefallen dahin, von einem Gastmahl zum nächsten und von einem in Dankbarkeit dargebrachten Opfer zum nächsten.

So viel Rechtschaffenheit ging Satan mächtig auf die Nerven, vor allem weil Gott als ultimativen Beweis für die ihm dargebrachte Verehrung immer so süffisant von »meinem Knecht Hiob« sprach. »Natürlich ist er dankbar«, erwiderte Satan, »wie könnte es anders sein, schließlich hast du ihm alles gegeben, was er sich nur wünschen kann: ein prächtiges Haus, gutes Essen, schöne Kamele, gehorsame Kinder und treue Diener … Mit so viel Glück gesegnet fällt es leicht, gerecht zu sein. Lass uns doch sehen, was passiert, wenn du ihm all diese Dinge wegnimmst.«

Dieser Herausforderung konnte Gott nicht widerstehen, schließlich ist der Allmächtige keiner, der derlei auf sich sitzenlässt oder die Dinge halbherzig angeht. Schon am nächsten Tag ließ er die Sabäer in Hiobs Land einfallen und alle Rinder und Esel stehlen, dann kam ein Feuer vom Himmel und verbrannte Hiobs Schafe, die Chaldäer raubten ihm die Kamele. Schließlich fuhr ein gewaltiger Wind hernieder und ließ das Dach des Hauses seines erstgeborenen Sohnes einstürzen, wo sich zu diesem Zeitpunkt alle Kinder Hiobs zu einem Gelage versammelt hatten. Als Hiob diese schrecklichen Nachrichten vernahm, pries er den Namen des Herrn, zerriss sein Gewand, schor sich das Haupt, fiel auf die Knie und nahm sein Schicksal hin, ohne ein einziges zorniges Wort gegen den Schöpfer.

Gott war hochzufrieden und gab dem Satan gegenüber mit der beispiellosen Treue Hiobs an. »Siehst du, wie brav er ist, selbst wenn ich ihm seinen ganzen Besitz nehme? Keine Bitterkeit, keine Vorwürfe.« – »Fürwahr«, antwortete Satan, »aber auch nur, weil er das alles nicht am eigenen Leib erfährt. Strecke deine Hand aus und rühr an sein Gebein und Fleisch, wahrhaftig, er wird dich verfluchen.« Überzeugt von Hiobs Glauben ließ Gott daraufhin zu, dass der Satan Hiob vom Scheitel bis zur Sohle mit bösartigen Geschwüren bedeckte. Doch selbst auf dieses neue Ungemach hin ließ Hiob keinen einzigen Laut der Klage vernehmen, nahm bloß eine Tonscherbe, um sich an den juckenden Stellen zu kratzen, und setzte sich in die Asche. Doch wofür hat man Freunde? Drei Freunde kamen und versuchten ihn zu überzeugen, der göttliche Fluch müsse eine logische Erklärung haben, solche Dinge geschähen doch nicht ohne Grund. Vermutlich habe sich Hiob nicht so tadellos verhalten, wie es den Anschein hatte. Hiob jedoch beharrte darauf, er habe immer das Rechte getan, und wir können nun einmal den göttlichen Ratschluss nicht kennen. Da ertrug es Hiobs Frau nicht länger: »Tu etwas, du Dummkopf!«, schrie sie. Aber Hiob blieb stumm.

In seinem *Führer der Unschlüssigen* erklärt Maimonides, dass nach Ansicht des großen Philosophen Aristoteles Gott nicht über jedes winzige Detail, das sich hienieden im Reich der Menschen zuträgt, Bescheid wissen könne. Es gebe dafür mehrere Gründe: weil das Wissen um Einzeldinge in der Welt durch Sinneswahrnehmung entsteht (und Gott keinen Körper, ergo keinen Sinnesapparat hat). Weil diese Einzeldinge in unendlicher Vielzahl auftreten (und das Unendliche per definitionem nicht überblickt werden kann, selbst von Gott nicht). Und schließlich, weil die Einzeldinge der Zeit unterworfen und damit veränderlich sind. Also müsste sich auch Gottes Wissen mit den sich wandelnden Dingen verändern (aber Gott ist unwandelbar und ewig). Aus all diesen Gründen, fasst Maimonides zusammen, schreckt Aristoteles davor zurück, Gott Ungerechtigkeit oder Unfähigkeit zu unterstellen, und bezichtigt ihn lieber der Unwissenheit. Hiobs Gott lässt ihn leiden, da ihm die genauen Details des menschlichen

Leidens nicht bekannt sind. Schließlich kann er nicht jeden Spross zählen, jedes Kamel inspizieren.

Dann legt Maimonides seinen eigenen Standpunkt dar. Er glaubt, Gottes Vorsehung beziehe sich ausschließlich auf den Menschen. Denn nur dieser, so Maimonides, verdiene je nach Verhalten ein gutes oder böses Schicksal. Pflanzen, Tiere und all die anderen Dinge hingegen existierten nicht als Individuen, sondern nur als Gattungswesen: »Vielmehr halte ich alle diese Dinge, wie auch Aristoteles annimmt, für Zufälle schlechthin.« Gott schert sich folglich um Hiobs Söhne, er bestraft sie aus Gründen, die nur er selber kennt. Das Schicksal der Kamele hingegen ist ihm gleichgültig.

Hiob ist der ideale Untertan. Wenn die Dinge gut laufen, ist er dankbar. Wenn sie es nicht tun, ist er es trotzdem. Nie beschwert er sich, er fordert nie etwas für sich ein, und vor allem erlaubt er seinem Herrn und Meister, so mit ihm umzuspringen, wie es dem Herrn und Meister beliebt. Hiob braucht keine Arbeitnehmervertretung, keinen Pensionärsverein, keine Bürgerbewegung, kein Amnesty International. Hat er sein Hab und Gut wegen ein paar korrupter chaldäischer Rechtsanwälte verloren? Ist sein Haus eingestürzt, weil der sabäische Immobilienmakler ein Gutteil der Baukosten in die eigene Tasche gesteckt hat? Ist er erkrankt und hat ihn das Krankenhaus abgewiesen, weil seine Versicherung die nötigen Behandlungen nicht deckt? Wird er auf der Arbeit ausgebeutet, werden seine Kinder von einer gar nicht so geheimen Geheimpolizei entführt? Hiob senkt nur das Haupt und wiederholt kleinlaut die Binsenweisheit, wonach die Wege des Herrn unergründlich sind. Er weigert sich, die Machthaber anzuklagen.

In der Bibel gewinnt Hiob am Schluss. Der Theologe Jack Miles vertrat die These, wonach es Hiob schlussendlich gelungen sei, Gott zum Verstummen zu bringen. Gott spricht danach nie wieder (zumindest nicht im Buch Hiob). Als er erkennt, dass Hiob über alle gesandten Plagen triumphiert hat, beschließt Gott, ihn zu belohnen, und schenkt ihm zweimal so viel wie er verloren hat. So gibt es doch noch ein Happy End.

Im wahren Leben hingegen sind die Dinge etwas komplizierter. Hier leidet Hiob weiter, und eine Wiedergutmachung ist nicht in Sicht. Wir fragen uns: Wie lange wird Hiob das ertragen? Wie viel mehr wird man ihm noch wegnehmen, bis er endlich versteht, dass dieses Unrecht nicht hinnehmbar ist? An welchem Punkt wird er beginnen, wie die römischen Anwälte nach dem *Cui bono* (Wem nützt es) zu fragen? Wer hat sich an seinen Herden, seinem Land und den Früchten seiner Arbeit bereichert? Wer ist verantwortlich für den Tod seiner Kinder? Und wann hat ein Mann die Pflicht, sich gegen die Willkür der Mächtigen zur Wehr zu setzen? Was wird man ihm denn noch alles wegnehmen, bis Hiob endlich aufsteht und verkündet: »Genug ist genug!«

Satans Wette läuft noch.

Quasimodo

Irgendwann in den 1930er-Jahren schlenderte eine reiche argentinische Matrone durch den Park von Palermo in Buenos Aires, als sie plötzlich eine alte Bettlerin bemerkte. Eine der Hauptattraktionen dieses Parks sind seine berühmten Rosengärten, wo die Dame allmorgendlich versunken im Duft und der Farbenpracht der Blumen zu lustwandeln pflegte. Der Anblick der Bettlerin mit ihrem warzigen Gesicht, den gelben Zähnen und der knolligen Nase stieß der Dame übel auf. Darum bot sie der Bettlerin, um das hässliche Gesicht nicht mehr sehen zu müssen, einen wöchentlichen Obolus an, wenn sie sich von nun an dem herrlichen Garten fernhielt. Voller Stolz über ihre Geistesgegenwart erklärte

diese eigentümliche Philanthropin später der Presse, sie habe es »der Schönheit zuliebe« getan. Diese Anekdote sollte uns nicht verwundern: Noch im späten 19. Jahrhundert untersagten in den USA die sogenannten »Ugly laws« physisch entstellten Menschen die öffentlichen Plätze. In vielen Städten blieb dieses Gesetz bis in die 1970er-Jahre in Kraft. Egal für wie aufgeklärt wir uns selbst halten, oft genug betrachten wir auch heute noch öffentlich oder insgeheim Hässlichkeit als eine Art Verbrechen.

Hässlichkeit liegt – genau wie ihr Gegenteil, die Schönheit – im Auge des Betrachters. Auch hier gilt das *esse est percipi*. Zudem entspringt die Hässlichkeit unserem Bedürfnis, in Gegensätzen zu denken. In seiner *Metaphysik* schreibt Aristoteles, Schönheit sei charakterisiert durch »Ordnung, Ebenmaß und Bestimmtheit«. Dann führten Unordnung, unebene Maße und Unbestimmtheit folglich zu Hässlichkeit?

Doch gleichzeitig weckt, was gemeinhin als schön oder hässlich gilt, unseren Widerspruchsgeist: Ein schönes Gesicht empfinden wir oft als langweilig, ausdruckslos und banal, ein hässliches hingegen als interessant, erfahren, darum die *jolie laide*. Viele Kulturen suchen das Schöne im Hässlichen und das Hässliche im Schönen. Die Teppichknüpfer der Navajoindianer und die Quiltmeister der Amish People, islamische Kalligrafen und türkische Schiffbauer kalkulieren das Unperfekte in ihre Werke ein. »Eingebaute Fehler« beweisen das Können des Künstlers und versinnbildlichen, dass nur Gott vollkommen ist. Japanische Töpfer pflegen, wie Crispin Sartwell anmerkt, die Tradition des Wabi-Sabi, welche Schönheit auch im Verblühten, Verwitterten, Angelaufenen, Vernarbten, Rauen, Erdigen, Vergänglichen, Provisorischen und

Ephemeren erkennt. Das Wabi-Sabi unterminiert den konventionellen Begriff des wohlproportionierten Schönen und zwingt die Betrachter, ihre vertraute Wahrnehmungsweise zu hinterfragen.

Auch die sagenumwobene Hässlichkeit des Sokrates wird in seinen Dialogen durch die reine Schönheit geistiger Tätigkeit vergessen gemacht: eine unvergängliche Schönheit, die dem Zerfall ewig widersteht. Diese Verkehrung unserer Werte wirft die Frage auf, ob es angebracht ist, eine Person oder eine Sache nach einem vorgegebenen Maßstab zu beurteilen.

Wenn die Antworten auf scheinbar so einfache Fragen wie: Was ist schön? Was ist hässlich?, so gegensätzlich ausfallen können, stellt das jedes vorschnelle Urteil infrage. Natürlich muss man deswegen nicht alle Werte und Normen unterschiedslos vom Tisch wischen, sollte aber doch begreifen, wie stark private Erfahrungen und übernommene Konventionen unsere Sicht der Dinge beeinflussen. »Befrage einen Kröterich«, meinte einmal Voltaire, »was Schönheit sei, und er wird dir antworten, sein Weibchen, mit ihren Glubschaugen.«

Unter all den hässlichen Gesichtern, welche auf den Seiten unserer Bücher herumspuken, ist das des Glöckners von Notre-Dame von besonders ausgesuchter Hässlichkeit. Als er darangeht, Quasimodos enorme Hässlichkeit zu beschreiben, kapituliert selbst Victor Hugo. »Wir wollen den Versuch nicht machen, dem Leser eine Vorstellung zu geben von diesem Vierkant von Nase, von diesem Munde in Hufeisenform, von diesem kleinen, von einer roten, borstigen Braue überlagerten linken Auge, während das rechte ganz unter einer riesigen Warze verschwand; auch nicht von diesen unregelmäßigen, hie und da ausgebrochenen Zähnen, die den Schießscharten einer Festung ähnlich sahen; nicht von dieser wulstigen Lippe, über welche einer von diesen Zähnen wie der Hauer eines Elefanten herausragte; auch nicht von diesem gespaltenen Kinn und vor allem nicht von dem über dies alles gebreiteten Gesichtsausdruck, von diesem Mischmasch von Bosheit, Erstaunen und Traurigkeit … Träume sich, wer kann, dieses Gesamtbild aus!«

Und so verfolgt uns dieses Angesicht bis in die Träume. Und das nicht erst seit der Veröffentlichung von Hugos Roman im Jahr 1831. Diese Fratze ist älter. Schon unsere Mammuts jagenden Vorfahren wurden von Quasimodos verfolgt. Wenn das Buch Genesis die Wahrheit sagt, dann wurde Quasimodo als Ebenbild eines furchterregenden Jehova erschaffen, der der Schrecken seiner Engel und Dämonen gewesen sein muss. Heute ist Quasimodo jener Andere, der als Zerrbild aus dem Spiegel zurückgeworfen wird: Alles, was wir versuchen, nicht zu sein, was wir der Welt nicht als unser wahres Selbst präsentieren wollen, kommt zusammen in diesem Gesicht. Wir putzen uns heraus, wir schmücken, cremen und striegeln uns, wir legen Make-up auf und verkleiden uns, um jedes möglicherweise abstoßende Merkmal, das den anderen missfallen könnte, zu kaschieren. Wie schon George Berkeley sagte: Wir existieren einzig im Auge des Betrachters.

Für Quasimodo stellt sich Hamlets Frage gar nicht erst: Einfach nur sein zu dürfen wäre ihm schon genug. Er will die gleichen Rechte wie jeder andere, möchte auch den Wechsel der Jahreszeiten, die Gemeinschaft unter Freunden, das stille Wohlgefallen an der Schönheit genießen dürfen. Seine bescheidene Bitte ist, nicht einzig an seinem Äußeren gemessen zu werden, seinen Gefühlen und Gedanken gemäß handeln zu dürfen und nicht als Horrorgestalt herhalten zu müssen. Er will nicht länger die Inkarnation der Furcht vor dem Unbekannten sein. Wie der mutige junge Mann auf seinem fliegenden Trapez in William Saroyans Geschichte mag auch er sich mit dem Gedanken tragen, einen *Antrag auf die Erlaubnis, lieben zu dürfen* einzureichen. Doch er tut es nicht.

Der Widerspruch zwischen dem inneren Wesen eines Menschen und seinem Äußeren, der Widerspruch zwischen dem Sichtbaren und Unsichtbaren ist ein ziemlich abgegrastes Thema in der Literatur. Trotzdem lassen wir uns allzu leicht täuschen, wenn wir im wahren Leben auf solch einen Widerspruch stoßen. Die sanftmütigen Augen von Klaus Barbie, das finstere Stirnrunzeln und die verbissenen Lippen auf den Fotos von Mutter Teresa, der lächerliche Schnurrbart und einfältige Gesichtsausdruck von Hitler und Chaplin verraten uns kaum etwas über diese Menschen. Doch trotz dieses Wissens glauben wir weiter daran, dass ein Gesicht wie dasjenige Quasimodos kaum etwas Gutes verheißen kann.

In seinen eigenen Augen jedoch ist Quasimodo das krasse Gegenteil seines abstoßenden Erscheinungsbilds. Quasimodo weiß, dass seine innere Schönheit ewig ist. Wer sich nur die Mühe machte, ihn genauer zu betrachten, müsste sie erkennen. In einer Szene zeigt er Esmeralda schöne Blumen in einem irdenen Topf (in seinem grotesken metaphorischen Verständnis ein Symbol für ihn selbst), damit Esmeralda sie mit den verwelkten Blumen in einer Kristallvase vergleichen kann, die für seinen Rivalen Hauptmann Phöbus stehen. Quasimodo weiß um seine innere Schönheit, nach der zu suchen sich niemand die Mühe macht. Quasimodo kann liebevoll, großzügig und mutig sein. Er ist zu großer Dankbarkeit fähig (zumindest am Anfang auch gegenüber dem fanatischen Erzdiakon Frollo) und nicht zuletzt zur Liebe (die er für Esmeralda empfindet). Doch es nützt nichts. Seine monströse Hässlichkeit definiert ihn, so wie die beinah überirdische Schönheit der Kathedrale Notre-Dame, die das Buch im Titel führt, dieses Bauwerk definiert. Ein gewagter Gedanke drängt sich auf. Wenn sich hinter dem Buckel, den schiefen Zähnen, den verwachsenen Brauen Quasimodos eine schöne Seele verbirgt, welche Abgründe schlummern dann hinter der wunderschönen Steinfassade und den hohen Glasfenstern von Notre-Dame?

Fünfundzwanzig Jahre nach Erscheinen seines berühmten Buchs wirft Hugo erneut dieselbe Frage auf in seinem Gedichtband *Les contemplations*:

> *Une parole peut sortir du puits farouche*
> *Ne la demande pas. Si l'abîme est la bouche,*
> *Ô Dieu? Qu'est-ce donc que la voix?*

Casaubon

Mr. Casaubon in George Eliots Roman *Middlemarch* ist ein Bücherwurm, ein Gefangener in seinem Elfenbeinturm, ein literarisch gebildeter Gentleman ohne Feuer, ein Leser, für den die Welt schier nicht existiert, es sei denn, sie mischt sich als lästige Ablenkung in seine Studien ein. Mrs. Cadwallader beschreibt ihn als »eine große Rassel, in der getrocknete Erbsen klappern«, ein »alter Hagestolz«, »er drückte sich so sorgfältig aus, als müsste er vor der Öffentlichkeit sprechen«. Kein Mensch würde ihn als gut aussehend beschreiben. Dorothea Brookes Freunde nennen ihn »die reinste Mumie«, schaudern bei dem Gedanken an »zwei weiße Warzen mit Haaren darauf«, die sein Gesicht schmücken, und vergleichen seine fahle Gesichtsfarbe mit einem *cochon de lait*. Mr. Casaubon ist die Verkörperung aller Klischees, welche die Gesellschaft für den Typus des Intellektuellen bereithält: einsiedlerisch, misanthropisch, das Gegenteil von sexy. Vom Büchernarren der Humanisten des 15. Jahrhunderts bis zu Supermans Alter Ego Clark

Kent und Roald Dahls Matilda in unserer Zeit wurde der scheue Gelehrte, der Bibliothekar oder einfach der Leser als ein schusseliger, dicke Brillengläser tragender Nerd beschrieben, eine Witzfigur. Auch Louisa May Alcotts Jo in *Little Women* schickt ihre neueste Geschichte klammheimlich ein aus Angst, man könnte sie aufziehen mit ihren literarischen Ambitionen. Und selbst als sie den Traum vom schriftstellerischen Ruhm ihrem Freund Laurie beichtet, lässt sie ihn Stillschweigen schwören. Die spätantike Philosophin Hypatia wurde (sowohl im wahren Leben wie auch in dem nach ihr benannten Buch von Charles Kingsley) wegen ihrer Bildung vom Mob erschlagen. Gleich zu Beginn von Stendhals *Rot und Schwarz* wird der Held, Julien Sorel, vom Vater verprügelt, weil er ein Buch gelesen hat. Jo, Hypatia, Julien und Mr. Casaubon wissen aus erster Hand, dass die große, geschäftige Welt keinen Respekt vor intellektuellen Anstrengungen hat.

Der junge Doktor Lydgate, ebenfalls Einwohner von Middlemarch, ist das Gegenstück zum ältlichen Theologen Edward Casaubon: »Zu Lydgates Vorzügen zählte eine für gewöhnlich tiefe und vollklingende Stimme, die aber beim richtigen Anlass sehr leise und sanft sein konnte.« Er behauptet zwar nicht von sich, sonderlich mutig zu sein, scheut aber vor keiner Auseinandersetzung zurück, ja kann sogar Gefallen daran finden. Doch ist er kein reiner Tatenmensch: Wenn er gerade nicht anderweitig beschäftigt ist, sieht man ihn oft mit einem Buch in der Hand. Samuel Johnsons *Die Geschichte von Rasselas, Prinz von Abessinien* oder *Gullivers Reisen* zum Beispiel, doch ein Wörterbuch oder gar die Bibel tun es auch, solange es eine Ausgabe mit Apokryphen ist.

Wenn er nicht gerade jagt, reitet, sich mit anderen Männern beratschlagt oder anderweitig auf Achse ist, liest er eben. Man sagt über ihn, er könne alles vollbringen, was er will, dass er jedoch bisher noch nicht die Lust verspürt habe, irgendetwas Außergewöhnliches zu tun. Er verfügt über ein energisches Wesen mit schneller Auffassungsgabe, doch noch hat nichts den Funken eines tieferen intellektuellen Interesses geweckt. Wissen ist für ihn eine sehr oberflächliche Angelegenheit, die er spielerisch meistert. Wie anders ist da Casaubon, der weiß, dass geistiges Streben von Hindernissen lebt.

Bevor Dorothea Brooke ihren künftigen Mann Casaubon zum ersten Mal trifft, empfindet sie gegenüber dem fremden Gelehrten eine »ehrfurchtsvolle Erwartung«. Casaubon ist im Ort bekannt als »ein tiefschürfender Gelehrter, von dem es hieß, er sei seit vielen Jahren mit einem gewichtigen religionsgeschichtlichen Werk beschäftigt; außerdem ein Mann von ausreichendem Vermögen, um seiner Frömmigkeit Glanz zu verleihen, und mit eigenen Ansichten, die nach der Veröffentlichung seines Buches klarer hervortreten sollten«. Schon sein Name, der an den großen Gelehrten Isaac Casaubon erinnert, ist beeindruckend. Nach ihrer ersten Begegnung merkt Dorothea: Er ist der interessanteste Mann, dem sie je begegnet ist. Ähnliches sagt in *Der Kaufmann von Venedig* Desdemona über Othello, nachdem dieser sie mit seinen fantastischen Geschichten verzückt hat.

Edward Casaubon hat sich ganz und gar seinem großen Werk verschrieben. Sein Opus magnum über den Ursprung aller Mythologien (das er nie abschließen wird) wäre James George Frazers *Der Goldene Zweig* um sechs Dekaden und Joseph Campbells *Der Heros in tausend Gestalten* um mehr als ein Jahrhundert zuvorgekommen. Hätte er es abgeschlossen, Casaubon hätte sich einen Platz unter den größten Gelehrten aller Zeiten verdient. Casaubon, selbst ein Geistlicher, meint, Anklänge an die christliche Heilslehre in allen großen Zivilisationen von Anbeginn der Zeit wiedergefunden zu haben, jedoch in verzerrter Form, wodurch nur bestimmte, universelle Wahrheiten erhalten bleiben. Man könnte ihn als einen verkappten Poststrukturalisten bezeichnen. George Eliot hingegen, die sich dem deutschen Pragmatismus verschrieben hatte, scheint den intellektuellen Fähigkeiten ihrer Figur kritisch gegenüberzustehen, denn sie schreibt, Mr. Casaubons Theorie der Elemente »lief nicht Gefahr, unvermutet mit Entdeckungen zu kollidieren; sie bewegte sich inmitten dehnbarer Mutmaßungen«. Es ist eine nie dem Widerspruch anderer Ansätze ausgesetzte Theorie, »so unangreifbar wie ein Plan, die Sterne aneinanderzufügen«. George Eliot selbst schien nichts von solcherlei Vorhaben zu halten.

Für sein großes Projekt wünscht Reverend Casaubon sich eine Seelenverwandte, die ihm außerdem verwandt ist im Geistigen, dem er sein Leben gewidmet hat, jemanden, der nach einer höheren Wahrheit sucht. Deshalb wurde ihm vorgeworfen, er sehe in Dorothea nur eine Sklavin, ein verstandsloses Arbeitstier, das ihm hinterherputzen soll, doch das stimmt nicht. In Eden Phillpotts *The Red Redmaynes*, das Borges für einen der besten jemals geschriebenen Detektivromane hielt, werden die Ansichten des Protagonisten hinsichtlich der idealen Gefährtin folgendermaßen beschrieben: »Mark Brendon war altmodisch und die im Krieg geborenen Frauen interessierten ihn nicht. Er respektierte durchaus ihre besonderen Qualitäten und ihren scharfen Verstand, sein

Ideal jedoch ging auf einen früheren Typ Frau zurück – Frauen wie seine Mutter, welche als Witwe bis zu ihrem Tod ihm das Haus geführt hatte. Sie war sein weibliches Idealbild – ruhig, sympathisch, vertrauensvoll. Stets machte sie seine Interessen zu den ihren und konzentrierte sich lieber auf sein Leben als das ihre. In seiner Karriere und seinem Fortkommen sah sie den Kern auch ihrer eigenen Existenz.«

Casaubon verlangt mehr. Dorothea soll seine Interessen zu den ihren machen, soll dabei aber Seite an Seite mit ihm arbeiten, nicht als Dienerin, sondern als intelligente Assistentin. Casaubon will, dass sie sich auf ihr eigenes Leben konzentriert, auch wenn er klare Vorstellungen von der Richtung hat, in die es sich in geeigneter Weise entwickeln soll.

Warum aber heiratet Dorothea diesen Edward Casaubon? Weil sie ihn für klug hält, jemanden, mit dem eine erhellende geistige Verbindung möglich ist, jemand mit so breitem Wissen, dass allein schon das als Garant für die Richtigkeit seiner Überzeugungen gelten kann. Als ihr Onkel wenig später von den Heiratsabsichten des Reverends erzählt, willigt sie glücklich ein. »Es wäre für jeden eine große Ehre, ihm Gesellschaft zu leisten.«

Wäre es umgekehrt nicht auch für jeden eine große Ehre, Dorothea Gesellschaft zu leisten? Sie führt gerne Gespräche und will mehr über Geschichte und die Künste wissen, doch alles nur bis zu einem gewissen Punkt. Ab da beginnt sie sich zu langweilen. In Momenten der Not helfen Dorothea die Bücher nicht, selbst das Denken erscheint ihr dann völlig nutzlos. So viel zu der ach so heiß ersehnten Symbiose zweier Geister! In dem viel zitierten letzten Absatz des Buchs wird Dorothea zu jenem Teil der Menschheit gerechnet, »die gewissenhaft im Verborgenen lebten und in vergessenen Gräbern ruhen«. Bewundernswert, ohne Frage. Dennoch: Was für eine übergroße Hingabe wäre nötig, um die eigene wissenschaftliche, künstlerische und intellektuelle Berufung hintanzustellen für eine Person, die von dieser Materie derart schnell gelangweilt ist? Als Casaubon etwa in der Mitte des Buchs und nur einen Tag vor seiner tödlichen Herzattacke Dorothea seine (zugegeben sehr ungefähren) Wünsche bezüglich der Fortführung seines Werks auftragen will, lehnt sie rundheraus ab. Für sie besteht ein großer Unterschied »zwischen der Hingabe an einen Lebenden und dem unbestimmten Versprechen der Hingabe an einen Toten«. Sie glaubt, wenn sie seinem Letzten Willen entspräche, käme das einem »Ja« zu ihrem eigenen Unglück gleich. Und deshalb fasst sie den Entschluss: »Nein! Wenn du stirbst, werde ich deine Arbeit nicht anrühren!« Was bleibt da noch von ihrem Wunsch, ihm eine ebenbürtige Gefährtin zu sein? Natürlich hat sie das Recht, ihrem Gatten den Gefallen auszuschlagen, wenn sie erkennt, dass dies nicht das beste Leben für sie wäre, doch wie weit war es dann mit ihrem Versprechen her?

Während der Flitterwochen in Rom ist Dorothea enttäuscht, weil Casaubon sie nicht zu seinen Recherchen in den Archiven des Vatikans mitnimmt. Sie vermutet jedoch, dass es an ihr liegt. »Ich muss in einer befremdlich trübsinnigen geistigen Verfassung sein«, sagt sie sich. »Wie kann ich einen Ehemann haben, der so weit über mir steht, ohne zu begreifen, dass er mich weniger braucht, als ich ihn brauche?« Aber genau darum geht es in der Liebe. Schon W. H. Auden meinte: »Wenn gleiches Liebesmaß nicht sein kann / Mehr zu lieben schick ich mich an.« So hält es Casaubon. Und er wäre wahrscheinlich schockiert, hätte er herausgefunden, wie wenig seine Frau es merkte. Was immer die Autorin von ihm gedacht hat, uns entgeht nicht, wie liebevoll und (vielleicht sogar übermäßig) fürsorglich Casaubon gegenüber seiner Dorothea ist. Dorothea vermag kaum, »diesen Albtraum eines Lebens zu ertragen, in dem jede Tatkraft durch Furcht erstickt wurde«. Was aber fühlt Casaubon? Eliot sagt über ihn: »Der arme Mr. Casaubon hegte argwöhnisches Misstrauen gegenüber dem, was andere von ihm dachten, insbesondere als Ehemann. Irgendjemanden denken zu lassen, er könnte eifersüchtig sein, hätte bedeutet, diesen Leuten in ihrer Sicht auf seine (vermuteteten) Unzulänglichkeiten recht zu geben und sie in ihrem (vermuteten) vorherigen Missfallen darin zu bestärken, dass die Ehe sich für ihn nicht als sonderlich beglückend erwies.« Das wäre genauso schrecklich, schreibt Eliot, als würde er seinen Kollegen eingestehen, wie weit entfernt von einer tatsächlichen Fertigstellung sein *Schlüssel zu allen Mythologien* wirklich ist. Mr. Ramsey, aus Virginia Woolfs Roman *Zum Leuchtturm*, glaubt, der Fortschritt im menschlichen Denken lasse sich in alphabetischer Reihenfolge darstellen, wobei jedes aus einem vorhergehenden Gedankengebäude entstandene Konzept einen neuen Buchstaben erhält. Gewissenhaft hat er sich von A bis Q vorgearbeitet, wird aber den Buchstaben R leider nicht mehr erreichen. Ebenso wenig werden Flauberts Clowns der Gelehrsamkeit, Bouvard und Pécuchet, ihre universelle Enzyklopädie abschließen. Auch Mr. Casaubon wird sein Monumentalwerk nicht fertigstellen. Das Weltgebäude, das diese Figuren errichten wollen, ist eine dem Wesen nach unerfüllbare Aufgabe. Was an den Ausspruch von Kafka erinnert: Wenn es möglich gewesen wäre, den Turm von Babel zu bauen, ohne dass jemand je hinaufsteigen würde, dann wäre der Bau erlaubt gewesen.

Trotz ihrer tief sitzenden Furcht vor hochfliegenden Projekten, die, weil sie unmöglich sind, sie eher ermüden als belehren, ist Dorothea dankbar für Casaubons viele kleine Liebesdienste, wie etwa sein Angebot, ihr die alten Sprachen beizubringen. Latein und Griechisch will sie nicht aus Dankbarkeit für ihren Ehemann lernen. Vielmehr will sie diese »Bereiche männlichen Wissens« erobern, weil sie glaubt, sie seien »eine sichere Position, von der aus alle Wahrheiten klarer erkennbar waren«.

Eben solch einen Fixpunkt suchte auch die heilige Teresa von Avila (mit der George Eliot sie vergleicht). Doch in gewissem Sinn war die heilige Teresa Casaubon näher als Dorothea, die, anders als die heilige Teresa, immer wieder hadert: »Denn im Bewusstsein ihres eigenen Unwissens zweifelte sie ständig an ihren Folgerungen: Wie sollte sie darauf vertrauen, dass Einzimmerkaten nicht dem Ruhm Gottes dienten«, schreibt Eliot, »wenn Männer, die mit den Klassikern vertraut waren, allem Anschein nach ein Desinteresse an den Häuschen mit der Hingabe an Gottes Ruhm vereinbaren konnten?« Casaubon strebt nach dem Wissen als Zweck an sich, den Blick immer weit hinter den Horizont gerichtet. Hätte Dorothea an ihrer Wissbegier festgehalten und dabei wie ihr Mann verstanden, dass diese nie zu stillen und doch erfüllend ist, sie hätte vielleicht so etwas wie den Schatten einer Antwort erhascht.

Satan

Es gibt gute Gründe zu glauben, unser Bewusstsein könnte aus unserer Einbildungskraft entstanden sein. Genauso gut könnte es aber auch umgekehrt gewesen sein. So oder so haben die Menschen seit Anbeginn der Zeit Geschichten erzählt, um unser Hiersein in dieser Welt zu erklären. In diesen Geschichten geben göttliche Wesen, ein magisches Wort oder Drachen, eine die Erde tragende Schildkröte oder die Kollision von Materie und Antimaterie den Anstoß für das »Am Anfang war«. In seiner berühmten Kritik an Descartes bemerkt Pascal, dass jener in seinen Überlegungen vom Ursprung der Welt um einen göttlichen Schöpfer nicht herum-kommt, der dem Ganzen einen kleinen Schubs gegeben hat, um es ins Rollen zu bringen. Danach konnte sich alles von selbst entfalten.

Für die an ein pythagoreisches, duales Weltbild gewöhnten Menschen der Antike muss es sich wie ein Skandal angefühlt haben, als das Judentum die vielen Götter auf eine einzige, omnipräsente und allwissende Gottheit reduzierte. Muss doch alles in der Welt seinen Widerpart, seine Schattenseite haben. So betrat neben dem einen Gott denn auch schon bald ein zweiter Charakter die Bühne der Heiligen Schrift. Auch er war omnipräsent und allwissend, jedoch letztlich dem Willen Gottes unterworfen. Dennoch erwies er sich als geschickt genug, sogar den Allmächtigen zu verlocken, wie sich in den warnenden Gleichnissen von Hiob und von der Versuchung Jesu in der Wüste zeigt. Zu Gottes Licht ist er die Finsternis, seine zerstörerische Macht steht im Widerstreit mit der schöpferischen Kraft. Er verkörpert die Alternative zu Gottes unumstößlicher Wahrheit. Viele Namen trägt er: Satan, Luzifer, Mephistopheles, Beelzebub, Mastema (in frühen rabbinischen Texten), Iblis (im Koran) oder einfach der Teufel (von griechisch *diabolos,* der Verleumder). *Im Buch der Jubiläen,* das zu den Apokryphen gehört, wird erzählt, wie Gott nach der Sintflut entschied, die Engel, die sich gegen ihn erhoben hatten, zu verbannen und die Menschheit von der Geißel der Versuchung zu befreien. Satan jedoch überredet ihn, zehn Prozent seiner bösen Geister von der Verbannung auszusparen, damit er durch sie auch weiterhin die Seelen der Menschen, als seien es Laborratten, testen könne. Weil sich Satan so gut auf die Täuschung versteht, nennt ihn Jesus auch »den Vater aller Lügen«. (Übrigens auch eine treffende Bezeichnung für einen Schriftsteller.)

Nicht überzeugt von der scharfen Trennung zwischen dem absolut Guten und dem absolut Bösen, erfand der Sufi-Dichter Al-Ghazali ein Alibi für Satan. Er erzählt, wie die Engel auf Anweisung Gottes vor den neu geschaffenen Adam treten, um ihm zu huldigen. Von allen Engeln weigert sich nur Satan. Er glaubt, Gott wolle sie testen, denn »es ist verboten, jemand anderen als den Allmächtigen anzubeten«. Al-Ghazali lässt uns nicht wissen, wie und ob Gott seinen treuen Diener für diese Tat belohnt. Vier Jahrhunderte nach Al-Ghazali berichtete der ägyptische Gelehrte Shihab al-Din al-Nuwayri, nach der Erschaffung Adams habe Satan zu den anderen Engeln gesagt: »Wenn der Herr diese Kreatur mir vorzieht, dann will ich mich gegen ihn erheben. Und wenn er mich ihr vorzieht, dann will ich sie zerstören.« Denn, erklärt Satan dem Schöpfer: »Ich bin besser als er. Mich schufst du aus Feuer, ihn aber nur aus Lehm.«

Satan ist und bleibt in allen Buchreligionen der unerbittliche Feind der Menschen. Augustinus meint, der Teufel gehe absichtlich mit schlechtem Beispiel voran, und erklärte: »Denn nicht darum, weil er Fleisch besitzt, das dem Teufel abgeht, sondern weil er nach sich selber, also nach dem Menschen lebte, ist der Mensch dem Teufel ähnlich geworden.« Ein Jahrhundert zuvor war der Satan für den Gnostiker Apelles noch ein Weltenschöpfer: eine Figur, die die Propheten des Alten Testaments inspirierte. Dante platziert Satan in seiner *Commedia* genau im Zentrum der Welt. Der einst schönste aller Engel wurde nach seiner gescheiterten Rebellion in ein Monster mit drei Köpfen verwandelt und aus dem Himmel geworfen. Der gewaltige Aufprall erschütterte die Erde und trieb die Länder der südlichen Hemisphäre vor Schrecken auseinander. Zurück blieb eine arktische Zone *senza gente,* »ohne Menschen«. Luther sah (wie der heilige Antonius vor ihm) in Satan den ewigen Versucher und warf nach ihm einst ein Tintenfass. Der Fleck an der Wand im Studierzimmer in Wittenberg war noch vor hundert Jahren da. Milton stellte sich Satan als eine Art Möbiusband vor (»Wohin ich fliehe, ist Hölle: Ich bin Hölle«). Christopher Marlowe fühlte wohl ein wenig Mitleid mit dem ewigen Versucher, als er mutmaßte, Satan könnte vielleicht deshalb unablässig die Menschen versuchen, weil er einsam sei, denn *»solamen miseris socios habuisse doloris«* (Für Unglückliche ist es ein Trost, Leidensgefährten zu haben). Spätere Exegeten des Koran schrieben, Satan habe, als er Eva verführte, nicht die Form einer Schlange, sondern die eines Kamels angenommen mit »einem vielfarbigen Schwanz, rot, gelb, grün, weiß, schwarz, einer Mähne von Perlen, Haar aus Topas, Augen wie die Planeten Venus und Jupiter, und einem Duft nach mit Ambra gemischtem Most«.

Kein Zweifel, Satan (oder die Vorstellung von ihm) ist noch immer unter uns. Bis heute begleitet er in Österreich, Bayern, Kroatien, Tschechien, Ungarn, der Slowakei, Slowenien und Teilen Norditaliens in Gestalt des Krampus den Nikolaus auf seinen Runden, um unartige Kinder in den Sack zu stecken und mit der Rute zu züchtigen. Der Krampus-Satan ist eine hässliche, gehörnte Kreatur, die in eine Zeit vor dem Christentum zurückreicht. Er geht in Ketten, um anzuzeigen, dass er nun an den Willen der Kirche gebunden ist. Bei anderen Gelegenheiten hat Satan die Form eines Pudels, einer Viper, eines Drachens oder eines aristokratischen Gentlemans angenommen.

Dante behauptete, alles im Universum sei entstanden aus Gottes Liebe. Sogar die Sünde. Folgt man diesem Gedanken, kann Satans Beitrag zur Schöpfung in Form der Sünden als eine Pervertierung oder Umwidmung dieser göttlichen Liebe angesehen werden, welche die Menschen dazu verleitet, exzessiv zu lieben (Lust und Gier), nicht genug zu lieben (Neid,

Trägheit und Wut) oder ihre Liebe auf ungeeignete Dinge zu richten (Habsucht und Stolz).

Der heilige Bonaventura schrieb, unsere Bestürzung angesichts des unendlichen Leidens in der Welt zeige nur unseren fehlenden Glauben an die erhabene Gerechtigkeit Gottes. Sie entstehe, weil wir nicht die ganze Geschichte kennen. Das sei nichts anderes, als würde man nach der Lektüre von ein paar wenigen Seiten Lord Jim als Feigling und Romeo als Schürzenjäger abtun. Wir halten uns an Satan, um die furchtbaren Dinge zu begreifen, die uns jetzt und immerdar widerfahren. Wir behaupten, Satan habe uns schreckliche Dinge ins Ohr geflüstert und verleite uns zu grausamen Taten. Wir beharren darauf, allein Satan sei verantwortlich für Seuchen, Krieg und Hunger, einzig er verhelfe Figuren wie Caligula, Goebbels und Videla zu Macht, er sei verantwortlich für Folter, Mord, Totschlag und Kindsmissbrauch. Satan dient unserem schuldigen Bewusstsein als Rechtfertigung für all unsere albtraumhaften Taten und blutrünstigen Träume. Und natürlich ist diese Entschuldigung letztlich nicht überzeugend.

Wenn Satans Werk als die Schattenseite des Schöpfungsakts verstanden werden kann, könnte das allgegenwärtige Elend der Welt als eine Art Versiegen der göttlichen Energie erscheinen, als eine schleichende Ermüdung des Allmächtigen, der genug hat von seiner mit Makeln behafteten Schöpfung. Die Chassidim erzählen folgende Geschichte: In einem ganz gewöhnlichen Dorf im ländlichen Polen stand einst eine kleine Synagoge. Eines Nachts, auf seiner Runde, trat der Rabbi in das Gotteshaus und sah Gott selbst dort in einer dunklen Ecke sitzen. Der Rabbi sank auf die Knie und rief:

»Mein Herr und Gott, was tust du hier?« Und Gott antwortete ihm mit einer Stimme nicht wie ein Donnern oder das Brausen eines Wirbelsturms, sondern gebrechlich und erschöpft: »Ich bin müde, Rabbi. Ich bin sterbensmüde.«

Der Hippogreif

In den sechsundvierzig Gesängen von Ariosts *Rasendem Roland* wimmelt es von unzähligen Königen und Königinnen, Rittern, edlen Damen, Piraten, Dienern, Magiern, allegorischen Inkarnationen und mythologischen Monstren. Eines begleitet uns auf wundersame Weise unbeschadet durch fast das gesamte Versepos. Dieses Wesen tritt zum ersten Mal, noch ohne Namen und im vollen Flug, im zweiten Gesang auf, wo es einfach als Pferd mit Flügeln beschrieben wird, das von dem ebenfalls hier noch namenlosen Magier Atlante geritten wird. In einem der letzten Gesänge verschwindet es, nachdem er von dem Ritter Astolfo befreit wurde, nunmehr glorifiziert durch seine edlen Taten und die seines Reiters. Dies geschieht auf Anweisung keines Geringeren als des Evangelisten Johannes. Im Lauf der Handlung vollbringt der Hippogreif viele glorreiche Taten auf wundersamen Reisen, die ihn über die halbe Erdkugel und gar bis zum Mond führen. Wer würde ihm da die am Ende des Epos gewonnene Freiheit nicht gönnen. Jubelnd sehen wir ihn in die Lüfte aufsteigen.

Wir glauben zu wissen, wie ein Hippogreif aussieht. Wie um dem ketzerischen Gedanken vorzubeugen, es könne sich bei diesem noblen Tier um ein reines Hirngespinst handeln, dichtet Ariost im vierten Gesang:

> Der Hengst, von Greif und Pferdestut' entsprungen,
> Ein wirklich Wesen und kein Zauber war:
> Der Vater gab Federn seinem Jungen;
> Den Schnabel, Vorderfüß' und Schwingenpaar.
> Der Mutter war das übrige gelungen.
> Der Name Hippogryph macht solches klar.
> In Nordlandsbergen kommen, freilich selten,
> Dergleichen Wesen aus den Eismeerwelten.

Der Einschub »freilich selten« ist hier wichtig, bedeutet er uns doch, dass dieses wundersame Tier sich kaum je dem menschlichen Auge zeigt. Aber selten heißt nicht nie. Bereits Vergil erwähnt in seinen Hirtengedichten die Paarung von Greif und Pferd, welche bei den antiken Autoren als Todfeinde galten. Vergil benutzt die Paarung dieser Tiere als Metapher für einen schier unmöglichen Zustand, für eine Möglichkeit, die nie eintreten wird. Aber solche rhetorischen Kunstgriffe tricksen sich oft selber aus. Die Verbindung von Greif und Pferd – selbst wenn sie nur in der Vorstellung geschieht – zu einem einzigen Wort lässt dieses der Einbildung entsprungene Tier wirklich werden.

Ariost wusste um diese eigentümliche Kraft der Poesie. Er wusste intuitiv, dass das Vorkommen nur schon eines dieser seltenen Wunderwesen seinem Text Glaubwürdigkeit verleihen würde. »Keine magische Kreatur wie die übrigen«, versichert er, die anderen Wesen zu bloßen Erfindungen degradierend, »sondern ein wahrhaftiges Tier, ein Wunder der

Natur.« Wie könnten wir solch ein vehementes Statement in Zweifel ziehen?

Der Hippogreif ist zugleich einzigartig und universell. Trotz seiner Seltenheit gehört er ins Bestiarium der vorstellbaren Kreaturen. Seine Einprägsamkeit ist so groß, dass er – anders als der Phönix, der einzig durch das Wiederauferstehen aus der Asche charakterisiert ist – zu einer unsere Vorstellungskraft beflügelnden Kreatur geworden ist, die nach ihrem Flug in die Freiheit am Ende von Ariosts Epos in anderen Geschichten neue Abenteuer erlebt hat. Da ein Pferd von drachenhaftem Äußeren es mit einem Seeungeheuer leichter aufnehmen kann als ein lediglich geflügeltes Pferd, hat der Hippogreif den Pegasus in Darstellungen von Perseus und Andromeda verdrängt. Auch das menschliche Personal entlehnt die Namen bei Ariost, sodass Ingres' Gemälde sich zwar noch der Bildsprache des Andromeda-Mythos bedient, als Titel aber trägt: *Roger befreit Angelika*. Ähnlich bei Calderón: Weil ein durchgehendes Pferd nicht magisch genug ist für ein Wunderreich, wie es in *Das Leben ist ein Traum* beschrieben wird, lässt Calderón in den ersten Versen des Dramas nicht einen ordinären Gaul, sondern einen gewaltigen Hippogreif, der so schnell läuft wie der Wind, die Prinzessin Rosaura aus dem Sattel und in die Traumwelt werfen. Der Hippogreif gilt dank seiner Seltenheit als edel. Er ist kein gewöhnlicher Zombie oder Werwolf. Aufgrund all seiner Vorzüge haben im 20. Jahrhundert viele Fantasy-Autoren diese gefährdete Art in ihren fantastischen Kosmos aufgenommen – von E. R. Eddison in *Der Wurm Ouroboros* bis zu J. K. Rowling in ihrer *Harry-Potter*-Saga.

Doch noch etwas zeichnet den Hippogreif aus.

In einem Text über sein Bild *Die Wahlverwandtschaften* meint René Magritte: Da in einem Vogelkäfig normalerweise ein Vogel sitze, werde das Bild eines Käfigs automatisch interessanter, wenn wir hinter den Stangen statt des Vogels einen Fisch oder Schuh sehen. Doch obwohl solche Bilder merkwürdig seien, schreibt Magritte weiter, bleiben sie reine Zufallsprodukte und deshalb beliebig. Es ist jedoch möglich, auf diese Weise eine ganz neue Sorte von Bild zu gewinnen, die der Prüfung standhalten kann, weil ihr etwas Letztgültiges innewohnt, etwas an ihr genau richtig ist. Und das ist das Bild eines Eis in einem Käfig. Im französischen Original umschreibt Magritte dieses Etwas als *juste,* als einen auf eigentümliche Weise stimmigen Widerspruch. Nicht anders verhält es sich mit Ariosts Hippogreif.

Der *Rasende Roland* mit seinen Fehden, Freundschaften, Kämpfen und Liebschaften ist vor allem eines: *juste.* Alles in dieser schwindelerregenden Geschichte, in der sich mehr Figuren tummeln als in jeder anderen Saga (inklusive des *Herrn der Ringe*) – und die sicherlich eine der unterhaltsamsten Geschichten aller Zeiten ist –, erzielt mit schlafwandlerischer Sicherheit genau diese von Magritte beschriebene Stimmigkeit des *juste.* Ariost hätte bei jeder Verzweigung der wuchernden Handlungsstränge einen anderen Weg wählen, hätte diese Nebenhandlung strecken oder jene abkürzen können. Doch trifft er immer genau das richtige Maß. Weder psychologische noch historische und nicht einmal innere Stimmigkeit halten diese Geschichte zusammen, schon gar nicht die klassische Einheit von Zeit und Raum. Die rhythmischen Fragmente der sechsundvierzig Gesänge schicken den atemlosen Leser auf eine Berg-und-Tal-Fahrt, versetzen ihn mit einem Wimpernschlag aus einem Schloss aufs weite Meer, tragen ihn fort von der heimischen Erde bis zum Mond und zurück. Trotzdem erscheint das Gesamtgefüge nie wie ein reines Zufallsprodukt oder beliebig. Die wilde Logik der Dichtung hält diesen Szenenflickenteppich zusammen. Eine Logik, die der rasenden Wut ihres Helden aufs Beste entspricht. Und der Hippogreif ist das Emblem dafür, eine Unmöglichkeit, geboren aus dem Unmöglichen. Wie ein Traum in einem Traum.

Kapitän Nemo

Nemo. Nadie. Niemand. Nessuno. Der Name, der sich selbst verleugnet, beginnt im Westen fast immer mit dem Buchstaben N. In Fichtes Philosophie wird zwischen einem Jemand (*aliquis* auf Lateinisch) oder Ich, das präsent ist, sowie einem Nicht-Ich – eine Art Schwarzem Loch des eigenen Seins – unterschieden. Das Letztere nannte Fichte Niemand oder *nemo*. Niemand war auch der Name, den Odysseus für sich wählte, um den begriffsstutzigen Zyklopen Polyphem zu überlisten: Dieses Wort, mit dem er sich unfassbar machte, war seine Rettung. Nemo ist auch der Name, den Jules Verne seinem berühmten seefahrenden Rebellen

gab, einem Vorläufer des Greenpeace-Schiffs Rainbow War-
rior, ein anarchistischer Terrorist *avant la lettre*.

Wer aber ist Nemo?

Selbstsicher ist er, mit festem, ruhigem Blick und schwarzen Augen, die ein Viertel des Horizonts zu überblicken
vermochten, gelassen, blass, voller Energie, mutig, stolz, in
den besten Jahren (irgendwo zwischen fünfunddreißig und
fünfzig), groß gewachsen. Eine hohe Stirn, gerade Nase, mar-
kante Lippen, strahlende Zähne und schlanke, feine Hände,
einer hohen und leidenschaftlichen Seele würdig. Dergestalt
erscheint Kapitän Nemo dem überwältigten Professor Aronnax im Bauch des Unterseebootes Nautilus. Pierre-Jules Hetzel, der Verleger von *Zwanzigtausend Meilen unter Meer* und
allen weiteren großen Romanen von Jules Verne, erkannte in
dieser Beschreibung ein Selbstbildnis seines Schöpfers und
wies den Zeichner Edouard Riou an, Jules Verne als Vorlage
für Kapitän Nemo zu verwenden.

Nemo ist ein Kämpfer, Nonkonformist und Idealist im
klassischen, positiven Sinne, den das 19. Jahrhundert diesem
heute so verpönten Begriff gegeben hat. Nemo ist außerdem
ein passionierter Leser. Nach einem sonderbaren Mahl, in
dem sämtliche aufgetragenen Speisen sich als clever getarnte
Meeresdelikatessen entpuppen, lädt Nemo seinen Gast und
Gefangenen zu einem Rundgang durch die unterseeische Re-
sidenz ein. Als Erstes führt er ihn in die Bibliothek. »Hohe,
mit Kupfer ausgelegte Gestelle von schwarzem Palisander
trugen lange Reihen gleichförmig eingebundener Bücher.
Die Gestelle liefen rings um die Wand. Das unterste Fach lag
auf der Höhe eines geräumigen Diwans, der mit braunem
Leder bezogen das bequemste Polster bot. Leichte, bewegli-

che Pulte, die man nach Belieben heranziehen oder abrücken konnte, dienten beim Lesen zum Auflegen der Bücher. In der Mitte des Raumes stand ein großer Tisch, der mit Broschüren bedeckt war, darunter einige schon alte Blätter. Elektrisches Licht fiel aus vier mattgeschliffenen Kugeln, die zur Hälfte in die Voluten der Decke eingelassen waren, und bestrahlte das harmonische Ganze.«

Professor Aronnax äußert Bewunderung für diese Bibliothek, die ihrem Besitzer bis in die tiefsten Tiefen des Ozeans gefolgt ist: »Das ist eine Bibliothek, die einem Palast auf der Erde Ehre machen würde.« Kapitän Nemo jedoch will ihm nicht eingestehen, dass an seiner schwimmenden Bibliothek etwas Außergewöhnliches sei. »Wo gäbe es einen stilleren, ungestörteren Ort, Herr Professor?«, meint er nur. Für Nemo (wie für uns) sind die Stille und Einsamkeit das Entscheidende, damit der Leser in eine Vielzahl von aus Wörtern geformten Charakteren schlüpfend für einige Stunden zum Niemand werden kann.

Kapitän Nemos Bibliothek enthält zwölftausend, in unterschiedlichen Sprachen verfasste Bücher aus Wissenschaft, Ethik und Literatur. Sie hat drei Besonderheiten: Zunächst finden sich keine Bücher über politische Ökonomie, da keine Theorie auf diesem Gebiet dem strengen Besitzer der Bibliothek befriedigende Antworten liefern konnte. Zweitens gehorcht die Anordnung der Bücher keiner erkennbaren Logik. Sprachen und Themen sind bunt gemischt, als ob der Kapitän sich in seinem Lesehunger durch den puren Zufall treiben ließe. Drittens gibt es keine Bücher jüngeren Erscheinungsdatums auf den Regalen der Unterwasserbibliothek.

Über seine Bücher sagt Nemo, sie seien »die letzte Verbindung, die mich noch mit der Erde verknüpft. Aber die Welt existiert für mich nicht mehr seit dem Tage, da mein *Nautilus* zum erstenmal untertauchte. Damals habe ich meine letzten Bücher, meine letzten Broschüren, meine letzten Zeitungen gekauft und lebe seitdem in der Vorstellung, die Menschheit habe nichts weiter gedacht und geschrieben.« Dann fügt er an, dass die Bibliothek dem Professor selbstverständlich offenstehe. Als Professor Aronnax eine Ausgabe von Joseph Bertrands 1865 publiziertem Werk *Les Fondateurs de l'Astronomie* auf den Regalen entdeckt, erkennt er, dass Kapitän Nemos Leben unter Wasser etwa drei Jahre vor ihrem Zusammentreffen begonnen haben muss. Die Handlung spielt im Jahre 1868, zwei Jahre vor dem tatsächlichen Erscheinungstermin von Vernes Buch.

Wenn jede Privatbibliothek autobiografisch ist, dann offenbart Kapitän Nemos etwas über sein Inneres. Für die Außenwelt, die chaotische menschliche Gesellschaft, hat Nemo nur Verachtung übrig. Er bevorzugt die Abgeschiedenheit der Nautilus. Er glaubt an Erfindergeist, eigene Werte und die grenzenlose Neugier des Menschen. Auswüchse wie Tyrannei und blutrünstige Gier verachtet er. Er will Freiheit, aber nicht egal welche. Es wäre deshalb keine Überraschung, wenn sich unter den Büchern in seiner Bibliothek auch Pierre-Joseph Proudhons *La Solution du problème social* befände. Ein Buch, das Jules Verne sehr gut kannte. »Es geht mir nicht um eine der Ordnung unterworfene Freiheit, wie im Fall der konstitutionellen Monarchie, oder eine durch Ordnung repräsentierende Freiheit«, meint Proudhon dort. »Es geht um die gegenseitige, nicht die sich einschränkende Freiheit, die Freiheit, welche nicht die Tochter, sondern die

Mutter der Ordnung ist.« Diese lebensspendende Freiheit nannte Proudhon »positive Anarchie«. An sie glaubt auch Nemo. Nur geht er mit Proudhons idealistischem Schluss nicht einig. Nemo ist, so ließe sich argumentieren, ein Vorreiter jener im 19. Jahrhundert aufkommenden anarchistischen Bewegung – darunter Ravachol, Auguste Vaillant, Émile Henry und Santo Caserio –, die ihre Überzeugung mit Bomben und Mordanschlägen durchzusetzen versuchte. Die von der Nautilus zerstörten Schiffe bilden eine offensichtliche Parallele zu solchen terroristischen Taten.

Kapitän Nemos Gewaltausbrüche im zweiten Teil des Romans versetzten Vernes Verleger Hetzel in Sorge. Verne entgegnete, dies sei nur die folgerichtige Entwicklung der Geschichte. Der schweigsame Bibliophile, der Professor Aronnax seine Bibliothek vorführt – »Ich sah die Meisterwerke der alten und der neuen Literatur, soll heißen, was nur immer der menschliche Geist in seiner Geschichte an Herrlichem hervorgebracht hat in Poesie, Roman und Wissenschaft« –, erweist sich letztlich nicht als Lehrmeister der Menschheit, sondern als ihr finsterer Henker. Bücher haben Nemo Wissen und eine Ahnung von der uns allen gemeinsamen Erfahrung des Menschseins vermittelt, aber ein Buch kann (wie wir Leser wissen) uns nur auf dem Pfad leuchten, den wir selbst eingeschlagen haben. Kein Buch und nicht einmal eine ganze Bibliothek kann einen Charakter wie Nemo in die ruhigen Gewässer des allgemein Anerkannten oder auch nur in dessen Richtung lenken. Jahre später schilderte Verne in *Die geheimnisvolle Insel*, wie sein Held als desillusionierter Anarchist am Ende seine Niederlage zugibt: »Die Einsamkeit und Isoliertheit sind sehr traurige Dinge und überschreiten die menschlichen Kräfte«, klagt Nemo in seiner Agonie. »Ich sterbe, weil ich glaubte, man könne allein leben!«

Vernes Enkel, Jean Jules Verne, erklärte später, sein Großvater habe ursprünglich über die Auflehnung der Polen gegen das Russische Reich schreiben wollen, womöglich aber wegen der von der französischen Regierung verhängten Zensur auf deren Darstellung verzichtet. Stattdessen verfasste er *Zwanzigtausend Meilen unter Meer*. Kapitän Nemo gerät zum universellen Revolutionär. Er werde wohl in die Geschichte eingehen als »großer Verbrecher«, erklärt der Kapitän an einer Stelle mit einem hochmütigen Lächeln. »Ja, ein Rebell und Verbrecher gegen die Menschheit.« Zu Professor Aronnax jedoch sagt er: »Ich bin das Recht, ich bin die Gerechtigkeit!«, um auf das Schiff, das er attackieren will, zeigend hinzuzufügen: »Ich bin der Unterdrückte, dort ist der Unterdrücker! Durch ihn habe ich alles verloren, was ich liebte – Heimat, Gattin, Kinder; meinen Vater, meine Mutter, alles! Alles, was ich hasse, ist in ihm verkörpert!«

Nach der fürchterlichen Zerstörung des Schiffs, die auf diese Ankündigung folgt, zieht der Professor sich in seine Kabine zurück, wo er keinen Schlaf finden kann. Vor seinem inneren Auge lässt er die gesamte Geschichte Revue passieren, als blättere er noch einmal durch die Seiten eines gelesenen Buches. Als Aronnax auf diese Weise bei den kürzlich vergangenen Tagen ankommt, sieht er Kapitän Nemo nicht mehr als seinesgleichen, er ist schwerer zu ergründen und darum auch beängstigender: »Alle diese Erlebnisse zogen vor meinen Augen vorbei wie Szenen im Theater. In dieser seltsamen Umgebung wuchs die Gestalt Kapitän Nemos zu Übergröße. Sein Typ verschärfte sich und nahm übermenschliche Proportionen an. Er war nicht mehr meinesgleichen, er war der Herr der Wasser, der Genius der Meere.« Eine Figur, die nicht mehr allein Vernes Einbildungskraft, sondern nunmehr der universellen Bibliothek angehört. An diesem magischen Punkt verschmelzen Protagonist und Autor, Autor und Leser, Leser und Protagonist zu einem einzigen Wesen, das gleichzeitig im Inneren des Buches und außerhalb ist. Gefangen im Mahlstrom der Erzählung sind wir beim Lesen – und zugleich der Zeit enthoben wie Nemo selbst.

Frankensteins Monster

Für die pythagoreische Lehre der ewigen Wiederkehr trägt jedes lebendige Wesen etwas von einem anderen in sich. »Um uns selbst zu erblicken«, schrieb Sir Thomas Browne, »müssen wir nicht suchen bis in Platons Jahr; ein jeder Mensch ist er selbst und ist es seit Diogenes' Zeiten gewesen, und jeder ist ein Timon, auch wenn nur wenige den Namen tragen. Menschenleben wiederholen sich, und die Welt ist, wie sie vor Zeiten war; wer damals einzigartig war, findet heute jenen, der ihm gleich ist, und es ist, als sei das Alte wiedererstanden.«

Niemand verkörpert diese aus der Antike stammende Vorstellung besser als jene Kreatur, die – »es war ein trüber Novemberabend« – am Ende des 18. Jahrhunderts in Ingolstadt geboren wurde (sofern dieses Verb überhaupt statthaft ist). Die von Frankenstein in die Welt gesetzte Kreatur hat keinen Namen. Sie betritt diese Welt als Erwachsener, zusammengesetzt aus einer Vielzahl von Menschen und deren Organen, zusammengeklaubt im anatomischen Theater der Universität und dem Keller der Leichenhalle, ausgewählt aufgrund ihrer athletischen Proportionen und ihrer klassischen Schönheit. Das Ergebnis fällt, wie ihr Schöpfer zugeben muss, nicht wie erhofft aus: Das zusammengeflickte Stückwerk, das er zum Leben erweckt, lässt die Perfektion der Einzelteile vermissen. »Die gelbe Haut verdeckte kaum die Muskelmasse und die Arterien darunter, sein Haar war glänzendschwarz und glatt, die Zähne perlweiß; aber diese Vorzüge standen in umso schrecklicherem Gegensatz zu den Triefaugen, die fast dieselbe Farbe hatten wie die fahlweißen Höhlen, in denen sie lagen, der verschrumpelten Gesichtshaut und den dünnen schwarzen Lippen.«

Dr. Frankensteins Traum ist es, Leben zu erschaffen ganz ohne das Zutun einer Frau. Eine Zeugung einzig aus dem männlichen Samen ist das ureigenste Anliegen der Alchemie, der geheime Traum des Patriarchen, das Ziel des verrückten Wissenschaftlers. Vom Golem im jüdischen Volksmärchen bis zu den plötzlich lebendig werdenden Statuen in Märchen und Science-Fiction, von Eva, geschaffen aus Adams Rippe, über Gepettos hölzernen Pinocchio bis hin zu den Automaten des 18. und 19. Jahrhunderts, welche Mary Shelley und ihren Künstlerzirkel so faszinierten, suchten Männer für sich allein Leben zu erschaffen und den Frauen das Vorrecht des Gebärens zu entreißen. Bei der Erschaffung von Frankensteins Monster ist keine Frau vonnöten, die Angelegenheit wird von einem einzelnen Mann in völliger Abgeschiedenheit erledigt. Für die mittelalterlichen Theologen war schon der Versuch, ohne die fleischliche Vereinigung von Frau und Mann Leben in die Welt zu setzen, eine furchtbare Sünde. Für Rabbi Moses Cordovero, einen spanischen Gelehrten aus dem 16. Jahrhundert, ist die Vereinigung und Verbindung von Mann und

Frau ein Zeichen für unsere Verbindung mit der Macht hoch oben. Alle anderweitigen Versuche sind als ein Verstoß gegen den Willen Gottes zu werten. Durch sein Unterfangen, ein neues Leben aus toten Gliedmaßen zusammenzufügen, versündigt sich Dr. Frankenstein demnach gegen die Allmacht Gottes.

Die Geschichte hat jedoch noch eine weitere Facette: die Misere des Monsters selbst.

Wie Adam, der ewige Büßer, ist Frankensteins Monster ein Stück geformter Ton, das nie darum gebeten hat, lebendig zu werden. In ihrer ursprünglichsten Ausprägung ist die Kreatur ein Golem, eine wandelnde Lehmpuppe. In ihrer vollkommensten Form erinnert sie an Hamlets »Welch ein Meisterwerk ist der Mensch« oder an Calderóns Sigismund, der sich fragt, ob er nicht bloß ein Schemen in einem Traum sei. Agonie und Ekstase spiegeln sich gleichermaßen in dem schrecklichen Gesicht des Monsters, das wir aus dem Film kennen. Ein Gesicht, das ebenso wie das Antlitz der Garbo zu einer Ikone unserer Zeit geworden ist. Die fast schon unheimlich schöne Ebenmäßigkeit bei Greta Garbo erinnert an das strahlende Gesicht von Dantes Beatrice, das unser schmachtendes Verlangen auf sich zieht. Die klassischen Züge lassen uns an geistige Schönheit und höhere Weisheit glauben. (»Denk einfach an nichts«, soll der Regisseur Rouben Mamoulian zur Garbo gesagt haben, als sie ihn beim Dreh der unvergesslichen Schlussszene des Films *Königin Christine von Schweden* um Anweisungen bat. Eine Leere, die wir Zuschauer nach Belieben füllen können.) Das Gesicht des Monsters ist das Gegenstück dazu, Antagonist und Schatten, unser entmenschlichtes Selbst, geschlagen mit entstellender Hässlichkeit, das wir in einem unerwarteten Moment beim Blick in den Spiegel zu entdecken fürchten. Es ist das Gesicht von Dorian Gray auf dem verborgenen Gemälde und die grauenvolle Fratze des Mr. Hyde.

Wenn das Gesicht der Garbo auf berückende Weise leer ist, so quillt im Gesicht des Monsters ein dämonisches Übermaß an Unerwünschtem aus allen Nähten hervor. Es ist nicht »böse« (so wie das Gesicht der Garbo nicht »gut« ist), sondern überladen und abscheulich, wohingegen das der Garbo makellos rein ist. Das Geschick des Make-up-Künstlers Charlie Pearce machte aus Frankensteins Monster mehr als bloß ein weiteres Monster. Das Gesicht wirkt wie von jemand erschaffen, der weiß, wie ein Gesicht aussehen soll, doch dem es entglitten ist. Es ist missraten; zu groß fast, um noch Gesicht zu sein. Eine unkenntliche, verzerrte Replik anstelle des biblischen Ebenbilds. Darum ist es nur konsequent, dass Boris Karloffs Name im Vorspann des berühmten Films, in dem er diese Maske getragen hat, durch ein Fragezeichen ersetzt wurde.

Das Monster von Dr. Victor Frankenstein ist unerträglich hässlich – selbst sein Erzeuger muss sich das eingestehen. Wer es sieht, wird von Furcht erfüllt, und es ist diese von ihm hervorgerufene Furcht, auf die das Monster mit Gewalt reagiert. Unter Menschen kann er nur leben, wenn er nicht gesehen wird, ein Zustand, der sich (wie George Berkeley erklärt) selbst negiert und einer Nicht-Existenz gleichkommt. Das Monster lernt die Lebensweise der Menschen nur aufgrund des glücklichen Umstands kennen, dass der ihn beherbergende, alte Einsiedler blind ist. Es erfährt das Nötigste über die Geschichte der Menschheit, indem es einen Mann belauscht, der am Fenster sitzend Volneys pompöses Werk *Betrachtungen über den Auf- und Niedergang der Reiche* laut für sich liest. Als das Monster schließlich doch entdeckt wird, jagt man es wie ein Tier, und niemand stellt auch nur die Frage, ob es schuldig oder unschuldig ist. Das Monster ist das unschuldig-schuldige Opfer par excellence. Obwohl schuldlos, wird es überall angefeindet und so zur Gewalttätigkeit getrieben. Wie jedes Opfer möchte es verstehen, warum es so gehasst wird. Es selbst ist nicht schuld an seiner Existenz in dieser Welt, wie das aus Miltons *Das verlorene Paradies* entnommene Epitaph von *Frankenstein oder der moderne Prometheus* verdeutlicht: »O Schöpfer, habe ich dich ersucht, dass du meinen Erdkloß zu einem Menschen formiertest, hab ich bei dir angehalten, dass du mich aus der Finsternis holtest?« Als Kopfgeburt eines ruhmsüchtigen Verrückten teilt das Monster das Schicksal Adams und somit das von uns allen. Und doch: Trotz seiner Qualen will es nicht sterben. »Obwohl das Leben nur eine Anhäufung von Leid ist«, sagt es zu seinem Schöpfer, »hänge ich daran und werde es verteidigen.« Es fügt hinzu: »Ich war gut und freundlich, Unglück hat mich böse werden lassen. Mach mich glücklich, und ich werde wieder tugendhaft sein.«

Das Monster bietet Dr. Frankenstein einen Pakt an. Wenn er eine ihm ähnliche Gefährtin erschafft, dann wird es mit ihr für immer in der Wildnis Südamerikas verschwinden. (Eine kurze Randbemerkung für südamerikanische Leser: Armes Monster! Wohin wird es das Monster auf der Suche nach dem Glück verschlagen? In Pinochets Chile? Argentinien unter der Militärjunta? Maduros Venezuela? Oder Brasilien unter Bolsonaro?) Zwar bot Hollywood in Gestalt des Regisseurs

James Whale dem Monster Elsa Lanchester mit ihrer krausen Perücke als ideale Braut an, in Shelleys Version weist der Doktor diesen Vorschlag jedoch empört zurück. Das Monster verschwindet nach einer langen und schmerzvollen Flucht durch Nordeuropa über das ewige Eis des Nordpols hinweg irgendwohin in die Eiswüste Kanadas. Eine perfekte Zuflucht für das Monster, ist dieses Land in der imaginären Geografie der Welt doch kaum mehr als ein weißer Fleck, Raum für die Träume, Hoffnungen und nicht zuletzt Albträume der Menschheit.

Wie der Apostel im Jakobusbrief erklärt: »Wer Gottes Botschaft nur hört, sie aber nicht in die Tat umsetzt, dem geht es wie einem Mann, der in den Spiegel schaut. Er betrachtet sich, geht wieder weg und hat auch schon vergessen, wie er aussieht.« Als Flickwerk zusammengesetzt aus vielen Männern, ist Frankensteins Monster ein Abbild von all dem, was wir verabscheuen oder woran wir uns nicht zu erinnern wagen. Und wahrscheinlich fürchten wir es deshalb so sehr.

Sandmönch

Abenteuergeschichten werden oft als Road Trips erzählt, wohl weil man in dieser Erzählform problemlos unerwartete Nebenstränge einbauen und lustvoll vom geraden Weg auf endlose Umwege abschweifen kann. Im Westen gibt es viele Geschichten dieser Art: Dorothys Suche nach dem Zauberer von Oz, die Abenteuer der Bremer Stadtmusikanten, die Reisen von Jack Kerouac und seinen Beat-Kumpels, die Geschichte der drei Musketiere und der Planwagenfahrer und Cowboys in Louis L'Amours Westernromanen. In China erfreut sich solch eine Geschichte seit vielen Jahrhunderten großer Beliebtheit. Sie erzählt von den Abenteuern dreier Helden, die einen erleuchteten Mönch auf seiner *Reise in den Westen* begleiten. Jener hofft in Indien eine Sammlung buddhistischer Texte zu finden (diese »Tripitaka« genannten Schriften geben dem Mönch auch seinen Namen). Auf der gefahrvollen Wanderung beschützen die drei Helden Tripitaka vor einer Vielzahl von Teufeln und üblen Monstern, die glauben, der Genuss von Tripitakas Fleisch könne ihnen Unsterblichkeit verleihen. Tripitaka wie-

derum ermutigt seine Freunde mit dem schönen Sinnspruch: »Ein Menschenleben retten ist noch mehr wert, als eine siebenstöckige Pagode zu errichten.« Der ungleichen Reisegruppe geschehen dabei so viele erstaunliche Dinge, dass der verwunderte westliche Leser rasch auch die unglaublichste Wendung akzeptiert und nur noch darauf wartet, dass ein Drache, ein verzaubertes Tier oder eine himmlische Gottheit auftauchen. Denn das werden sie ganz bestimmt.

Der berühmteste der drei Kameraden, welche Tripitaka begleiten, ist Steinaffe – später auch der Affenkönig genannt. Von seinem Lehrmeister bekommt er den Namen Sun Wukong verliehen, dessen letzter Teil »der die Leerheit erkennt« bedeutet. Schon die Geburt des Affenkönigs ist ein Wunder: Auf dem Blumen-Früchte-Berg entsteigt er einem steinernen Ei, in dem sich die Wahrheiten des Himmels und die Schönheit der Erde vermählen. Sun Wukong ist eine Art Trickster-Held, dessen Ziel jedoch rein spiritueller Natur ist.

Sogar die zehn Höllenkönige scheitern an der Aufgabe, Sun Wukong nach dem großen Buch der Lebenden und Toten zu kategorisieren. Mit Sicherheit ist er kein Mensch. Er gleicht einem Tier, untersteht aber nicht dem Einhorn. Obwohl er fliegen kann, gehört er nicht ins Reich des Phönix. Am Ende kommen die Höllenkönige ganz nah dran, als sie nach den 130 Einträgen für die Affenartigen suchen, doch leider hatte Sun Wukong diese Einträge bei einem früheren Besuch gestrichen. Sie erklären ihn zu »einem der Vier Weltverheerenden Affen«. Diesen Ratschluss kann Affenkönig nicht akzeptieren, schreibt Wu Cheng'en über seinen Helden, denn sein Herz war stets nur auf eine Sache aus gewesen: »Um jeden Preis will ich diese drei Wesen finden und von ihnen das

Geheimnis des ewigen Lebens erlernen.« Dieses Ziel erreicht er am Ende der Geschichte, indem er die Pfirsiche der Unsterblichkeit isst.

Beschützt wird Affe von zahlreichen magischen Geschenken. Eine riesige, goldverzierte Eisenstange, die sich auf die Größe einer Nadel zusammenschrumpfen und so hinters Ohr stecken lässt. Dazu eine undurchdringbare goldene Rüstung, überreicht vom Drachenkönig höchstpersönlich, und drei Töpfe mit magischen Elixieren, die alle möglichen Krankheiten heilen können. Außerdem kann er fliegen und beherrscht er den sagenumwobenen Wolkenüberschlag, mit dem er so wie der gestiefelte Kater viele hundert Meilen mit einem einzigen Sprung zurücklegen kann. Zusammen mit Tripitaka erlangt er am Ende der Reise die heiß ersehnte Buddhaschaft.

Der zweite Begleiter ist Eber Bajie, dessen chinesischer Name Zhu Bajie »Schwein der Acht Verbote« bedeutet. Eber könnte einem Albtraum entsprungen sein. Halb Mensch, halb Schwein, ist er ein träger Vielfraß, der ständig den Frauen nachstellt. Seine Schwächen setzen mehr als einmal die spirituelle Absicht der Reise aufs Spiel und tragen ihm den Spitznamen »Daizi« oder Trottel ein. Bevor er Affe und Tripitaka begegnete, war er Kommandeur über achtzigtausend Soldaten der Himmlischen Seeflotte, verlor diese hohe Stellung jedoch aufgrund seiner notorischen Fresssucht und Wollust. Der schlimmste Zwischenfall ereignete sich beim Bankett der Gottheiten des Himmlischen Reichs, bei dem sich Eber Bajie in die Mondfee verliebte und vom Alkohol berauscht versuchte, sie zu verführen. Die Göttin beschwerte sich beim Jadekaiser, der ihn auf die Erde verbannte, wo der Affenkönig ihn fand und rekrutierte.

Der dritte und wohl mysteriöseste Held ist Sandmönch. Sein wahrer Name ist Sha-Wujing, was »Sand-erwacht-zur-Reinheit« bedeutet. Er ist bewandert in der Alchemie, und wie Bajie lebte er einst im himmlischen Palast, wo er als Gardinenroller damit beauftragt war, den Vorhang des kaiserlichen Wagens in der Halle der wunderbaren Nebel zu lüften. Seine Sünde war weniger schwerwiegend als Bajies, verdiente aber nach dem Gesetz des Himmels ebenfalls Strafe. Während des Pfirsichfestes zerbrach er aus Versehen ein Kristallglas, das der Königinmutter des Westens gehörte. Für diese Untat wurde er in ein Monster verwandelt und auf die Erde verbannt. Hier lebte er auf dem Grund des Treibsandflusses (daher sein Name), von wo aus er ahnungslose Reisende angriff, wenn sie versuchten, den Fluss zu durchqueren. Nachdem er mit Bajie gekämpft hat, überredet der Affenkönig das Monster, sich der Reisegesellschaft von Tripitaka anzuschließen.

Ein magischer, mit Perlenschnüren dekorierter Prunkstock verleiht Sandmönch seine Kräfte. Zudem kann er achtzehn körperliche Verwandlungen durchlaufen, was ihn im Wasser so gut wie unbesiegbar macht. Wenngleich Sandmönch eine Kreatur mit furchteinflößendem Äußeren ist, wird er nichtsdestotrotz als ein komplexer Charakter dargestellt. Er ist höflich und zuvorkommend, vernünftig und seinem Meister treu ergeben. Bei Problemen weiß er Rat. Ein Prinz, den sie unterwegs treffen, weist sie blumig und hochtrabend auf alles im Leben Erstrebens- und Vermeidenswerte hin, um sie ihrem Reise- wie auch ihrem metaphysischen Ziel näherzubringen. Seine Ausführungen mögen zutreffen, dennoch braucht die Reisegesellschaft Sandmönch, der ohne großes Aufheben dabei behilflich ist, den rechten Weg auch zu finden.

Sandmönch erinnert ein wenig an andere treue Begleiter wie den Blechmann in *Das zauberhafte Land,* der schließlich ein mit Sägespänen gestopftes Stoffherz erhält, oder an die sprechende Grille, die Pinocchio, weil sie ihm einen Rat geben will, mit dem Hammer erschlägt. Sandmönch hingegen wird zur Belohnung für seine Hilfe am Ende zu einem Arhat, wodurch er Einblick in die Natur unserer Existenz gewinnt. Er gelangt damit zu einem höheren Grad der Erleuchtung als Eber Bajie, welcher mit der ehrenvollen Aufgabe betraut wird, die buddhistischen Tempel auszufegen.

Die turbulenten Abenteuergeschichten des Mönchs und seiner drei Gefährten unterhalten ihre Leser seit dem 16. Jahrhundert aufs Köstlichste. Kritiker hingegen haben in der Geschichte wie in Bunyans *Pilgerreise* eine Allegorie für unseren eigenen Weg hier auf Erden gesehen oder lasen ihn als einen zwar wunderlichen, aber simplen Bildungsroman, dem *Tom Sawyer* ähnlich. Andere wiederum wollen darin eine kafkaeske Satire über die Bürokratie erkannt haben. Arthur Waley, der erste englische Übersetzer des alten Klassikers, wies darauf hin, dass Wu Cheng'ens Zeitgenossen in der minutiös ausgeklügelten und gleichzeitig lachhaft-rigiden Hierarchie am himmlischen Hof des Jadekaisers ein Abbild des irdischen Kaiserhofs gesehen haben mussten. Der chinesische Himmel, schrieb der Übersetzer ins Englische, Arthur Waley, sei einfach das gesamte bürokratische System transferiert ins Empyreum.

Trotzdem würde kein heutiger Leser in Wu Cheng'ens Text auch nur einen Hauch der dunklen Absurdität von Kafkas Albträumen wiederkennen. Wenn es sich um eine Bürokratiesatire handelt, dann um eine existenzielle, um eine Satire über von einer Himmelsmacht auferlegte Gesetze, die wir nicht verstehen können, aber dennoch befolgen müssen. Um sich der unzähligen Dämonenprinzen und Drachen zu erwehren, erdenken die furchtlosen Recken Eber Bajie und Affenkönig Sun Wukong allerlei Listen und Schlachtpläne, welche sie auch energisch umsetzen. Sandmönch hingegen vertraut nicht auf rohe Gewalt, sondern auf vernünftige und ethisch vertretbare Lösungen. Dabei gibt er nie moralinsaure Ratschläge, sondern steht entschieden für das Richtige und Gute ein. In Sandmönchs Philosophie (darin stimmt er mit Don Quijote überein) kann das bloß gerecht Scheinende sich als sicherer Pfad zum Bösen erweisen, was böse erscheint, kann sich hingegen unter Umständen als der einzig richtige Weg erweisen.

Jona

Das Alte Testament hat wahrlich keinen Mangel an stöhnenden, sich die Haare raufenden Propheten. Keiner ist jedoch so sonderbar wie Jona. Gewöhnliche Menschen, so wird uns erzählt, wurden nervös in seiner Gegenwart. Postum verdiente er sich den Ruf eines Unglücksbringers, vielleicht weil Jona über eine besondere Eigenschaft verfügt, die das 19. Jahrhundert ein »künstlerisches Temperament« nennt.

Das Buch Jona wurde irgendwann zwischen dem 4. und 5. Jahrhundert vor Christus geschrieben. Es ist eines der kürzesten in der gesamten Bibel – und sicherlich eines der merkwürdigsten. Darin wird erzählt, dass Gott, als ihm die Verdorbenheit der Stadt Ninive zu Ohren kam, den Propheten Jona entsandte, um das Jüngste Gericht anzudrohen. Jona

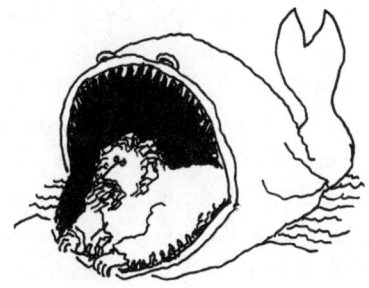

aber wollte nicht hingehen, weil er wusste, dass die Niniviten eilig bereuen, Gott ihnen daraufhin vergeben und sie ihrer gerechten Strafe entgehen würden. Um dem göttlichen Befehl zu entkommen, flüchtete Jona auf ein Schiff nach Tarsis. Während der Überfahrt braute sich ein fürchterlicher Sturm zusammen. Die Bootsleute riefen voller Furcht ihre Götter an. Jona, der wusste, dass er die Ursache für diesen meteorologischen Aufruhr war, bat sie, ihn über Bord zu werfen, um das tosende Meer zu beruhigen. Die Seemänner folgten seinem Ratschlag, und der Sturm beruhigte sich. Da schickte Gott einen großen Fisch, der Jona verschluckte. Drei Tage und Nächte blieb Jona im Bauch des Fischs. Am vierten Tag befahl Gott dem Tier, den Propheten ans trockene Land zu spucken. Noch einmal befahl Gott Jona, nach Ninive zu gehen und dort zu predigen. Dieses Mal fügte sich Jona Gottes Willen. Als der König von Ninive Jonas Warnung hörte, zeigte er Reue, und die Stadt Ninive wurde verschont.

Jona aber war wütend auf Gott und stürmte aus der Stadt in die östlich gelegene Wüste, wo er eine Art Verschlag baute und sich niederließ, um zu beobachten, was weiter mit dem reuigen Ninive geschehen würde. Gott ließ einen Rizinusstrauch über Jona emporwachsen, der ihn vor der Sonne schützte. Jona war froh über dieses Geschenk, doch am nächsten Morgen ließ Gott den Strauch verdorren. Sonne und Wind schutzlos ausgeliefert, war Jona einer Ohnmacht nah und wünschte sich den Tod. Daraufhin sprach Gott zu Jona: »Dir ist es leid um den Rizinusstrauch, für den du nicht gearbeitet hast. Über Nacht war er da, über Nacht ist er eingegangen. Mir aber sollte es nicht leid sein um Ninive, die große Stadt, in der mehr als hundertzwanzigtausend Menschen leben, die nicht einmal rechts und links unterscheiden können – und außerdem so viel Vieh?« Mit dieser offenen Frage endet das Buch Jona.

Warum aber widersetzte sich Jona seiner Aufgabe, in Ninive zu predigen? Jonas Scheu vor einer kunstvoll gestalteten, von Gott höchstpersönlich in Auftrag gegebenen Prophezeiung – nur weil das Publikum sich reuig zeigen und Vergebung erlangen könnte – muss jedem vernünftigen Menschen seltsam vorkommen, so er nicht selbst ein Künstler ist. Wie Jona wusste (auch wenn es in der Bibel nicht geschrieben steht), ging die ninivitische Gesellschaft auf zweierlei Weisen mit der Kunst um: Entweder sah sie in dem Kunstwerk eine Anklage und machte den Künstler für das Übel verantwortlich, für das sie selbst gescholten wurde, oder sie akzeptierte es als gefällige Dekoration, die in harten Dinar bezahlt und hübsch gerahmt als Zierde dient. Unter solchen Voraussetzungen, das wusste Jona, kann der Künstler nicht gewinnen.

Vor die Wahl zwischen Anklage und Dekoration gestellt, hätte Jona sicherlich die Anklage bevorzugt. Wie die meisten Künstler fühlte Jona sich berufen, die trägen Herzen seiner Zuhörer zu entflammen, jene bis ins Mark zu erschüttern und etwas immer schon vage Erahntes in ihnen wach zu rütteln. Seine Worte, malte er sich aus, sollten sie in schlaflosen Nächten heimsuchen. Was er ganz sicherlich nicht wollte, war ihre Reue. Wenn die Leute nach seiner Predigt dahergingen und sagten: »Alles ist vergeben und vergessen. Lasst die Vergangenheit ruhen, sprechen wir nicht mehr über Ungerechtigkeit und Widergutmachung, über Kürzungen im Bildungs- und Gesundheitswesen, ungerechte Steuerpolitik, Arbeitslosigkeit und die Machenschaften der Finanzwelt, durch die sich einige wenige bereichern, während der Großteil in Armut lebt. Lasst die Ausgebeuteten den Ausbeutern die Hand reichen, und auf zur nächsten Sternstunde der Menschheit« – nein, das wollte Jona ganz sicher nicht. Nadine Gordimer sagte einmal, es könne kein schlimmeres Unglück für eine Schriftstellerin geben, als in einer korrupten Gesellschaft nicht verwünscht und verdammt zu werden. Dieses furchtbare Schicksal wollte Jona nicht erleiden.

Jona war sich vor allem des zähen Kleinkriegs in Ninive zwischen den Politikern und Künstlern bewusst, in dem nach Jonas Meinung die Seite der Künstler (sobald sie über die innere Notwendigkeit ihrer Kunst hinausgingen) letztlich zum Scheitern verurteilt war, weil der Krieg in der politischen Arena ausgetragen wurde. Es war eine allseits bekannte Tatsache, dass die ninivitischen Künstler zwar niemals müde wurden, ihrer Berufung zu folgen, sie sich im täglichen Ringen mit Bürokratie und Banken jedoch schnell aufrieben. Die wenigen Unentwegten, die den heldenhaften Kampf gegen die Beamten des Königs und halsabschneiderische Geldverleiher aufrechterhielten, taten dies leider auf Kosten sowohl ihrer Kunst wie auch ihrer geistigen Gesundheit. Nach einem ganzen Tag voller Komiteesitzungen und offiziellen Anhörungen fiel es ihnen einfach verdammt schwer, sich spätabends noch ins Atelier oder an die Tonscheibe zu setzen. Die ninivitische Bürokratie zielte auf den Verschleiß künstlerischer Energien ab. Verschleppen war eine ihrer effektivsten Strategien: Auftragszusage, Auszahlung von Geldern, Vertragsunterzeichnung, selbst die Antwort auf einfache Formfragen wurden konsequent verzögert. Wenn man nur lange genug wartet, sagten sich diese Bürokraten, wird die Wut der

Künstler verrauchen oder sich auf geheimnisvolle Weise in kreative Energie verwandeln. Der Künstler wird fortgehen und vielleicht ein Gedicht schreiben, eine Installation machen oder sich eine Choreografie ausdenken. Alles Dinge, die den Politkern und großen Konzernen nicht wirklich gefährlich werden konnten. Tatsächlich ließ sich diese Künstlerwut, wie einige gewiefte Geschäftemacher wussten, unter Umständen sogar gewinnträchtig kapitalisieren. »Denk nur«, sagten die Niniviten zueinander, »wie viel man heute für die Werke einiger Maler bezahlen muss, die zu Lebzeiten kaum genug Geld hatten, um sich die nötigen Farben zu kaufen, ganz zu schweigen von richtigem Essen. Denkt an all die Musiker, die im Armenhaus starben und deren Protestsongs heute an nationalen Feiertagen unter grellen Werbebannern geträllert werden. – Außerdem«, fügten sie gönnerhaft hinzu, »ist für einen echten Künstler postumer Ruhm die größte Auszeichnung.«

Der größte Coup der ninivitischen Politiker jedoch war, die Künstler zu verunsichern. Ganz Ninive war fest von der Idee überzeugt, dass zu Geld zu kommen das einzige Ziel aller weltlichen Bestrebungen ist und dass somit die Kunst, da sie nicht unmittelbar zur Wertschöpfung beitrug, eine unnütze Beschäftigung sei. Schließlich ließen sich die Künstler selbst davon überzeugen, sie müssten für den eingeschlagenen Lebensweg in irgendeiner Form bezahlen, etwa indem sie Kunst nach dem Kosten-Nutzen-Prinzip machten und über das Scheitern der anderen die Nase rümpften. Sie forderten staatliche Unterstützung, insbesondere für Randgruppen, und Gesetze gegen die Vereinnahmung ihrer Stimme. Und vor allem versuchten sie, den Reichen und Wohlhabenden Honig um den Bart zu schmieren. Bildenden Künstlern wurde geraten, ihre Arbeiten möglichst gefällig zu gestalten. Musiker sollten Ohrwürmer komponieren, Schriftsteller sich weniger deprimierende Szenen ausdenken und allesamt sollten sie es vermeiden, etwas zu produzieren, was irgendjemandem als anstößig oder verstörend vorkommen könnte.

In unvordenklichen Zeiten – die Bürokraten müssen wohl geschlafen haben – wurden von einigen weichherzigen, verrückten ninivitischen Königen Gelder für die Förderung der Künste ausgelobt. Seitdem hatten pflichtbewusstere Beamte sich darangemacht, diesen Fehler auszubügeln, und die Mittelvergabe an sich gerissen, um die ausgeschütteten Summen zusammenzukürzen. Selbstverständlich durften diese Änderungen im Haushaltbericht nicht auftauchen. In einem Bravourstück der Finanzjonglage hatte es das ninivitische Finanzamt geschafft, die Fördermittel für die Künste auf fast nichts runterzudrücken und es gleichzeitig so aussehen zu lassen, als gebe die Regierung mehr Geld denn je dafür aus. Ermöglicht wurde dieser buchhalterische Zaubertrick durch einige Kunstgriffe, die man von ninivitischen Dichtern abgeschaut hatte – in deren Werkzeugkasten die Politiker fröhlich plünderten, während sie zugleich die Dichter verachteten, die sie erfunden hatten. Die Metonymie zum Beispiel, ein sprachliches Mittel, bei dem ein Dichter einen Teil einer Sache oder eine Eigenschaft von ihr für das Ganze stehen lässt (indem er von »der Krone« statt »dem König« spricht), erlaubte es dem Amt für Versorgung, die Ausgaben für Künstlerbedarf und Arbeitsmaterialien drastisch zu kürzen. Von nun an erhielten alle Künstler, unabhängig von ihrem tatsächlichen Bedarf, von der Stadt lediglich einen Rattenhaarpinsel in Größe 4, da im amtlichen Vokabular die Bezeichnung »Pinsel« nunmehr *pars pro toto* für »Künstlerbedarf« stand. Metaphern wiederum, das häufigste poetische Mittel, wurden von diesen Finanzmagiern ebenfalls äußerst gewinnbringend eingesetzt. In einem berühmten Fall war von den erwähnten weichherzigen Kunstförderern der grauen Vorzeit die Summe von zehntausend Golddinar für die Unterbringung älterer Künstler budgetiert worden. Daraufhin wurden die im öffentlichen Nahverkehr benutzten Kamele im Bürokratenvokabular kurzerhand zu »Aufenthaltsorten« umetikettiert, wodurch das Amt die Kosten für die Pflege der Kamele (welche eigentlich die Stadt tragen musste) über den Pensionsfonds der Künstler refinanzieren konnte, da diese tatsächlich den öffentlichen Kamelnahverkehr nutzten, um in der Stadt von A nach B zu kommen.

»Richtige Künstler«, sagten die Niniviten, »haben keinen Grund, sich zu beschweren. Wenn sie wirklich gut in ihrem Metier sind, werden sie unter egal welchen Bedingungen ihren Schotter machen. Es sind die anderen, die sogenannten Experimentatoren, die selbstverliebten Nabelbeschauer und Untergangspropheten, die nie einen müden Dinar verdienen und die ganze Zeit über ihre erbärmliche Lage jammern. Ein Banker, der nicht weiß, wie er Profit machen kann, würde genauso schlimm dastehen. Ein Bürokrat, der nicht versteht, wie der Hase in der Verwaltung läuft, würde sofort rausgeworfen. Das ist einfach das Gesetz des Überlebens. Wir in Ninive schauen nach vorne und niemals zurück.«

Sicherlich waren in Ninive eine Handvoll Künstler (und noch mehr Hochstapler) gut im Geschäft, und die ninivitische Gesellschaft gewährte den Produzenten der begehrten

Güter bereitwillig hohe Ehren. Was sie hingegen nicht verstanden, war, dass es gerade die mutigen Experimente und heroischen Fehlschläge der vielen gescheiterten Künstler waren, die den Erfolg der wenigen anderen überhaupt erst ermöglichten. Die Niniviten sahen es nicht ein, irgendetwas zu unterstützen, das sie nicht auf Anhieb mochten und verstanden. Dennoch machten die erfolglosen Künstler einfach weiter, ganz egal, wie hoch der Preis für sie persönlich war. Weil sie eben nicht anders konnten, weil die Inspiration sie antrieb. Sie schrieben, malten, tanzten, kurzum arbeiteten, mit was immer gerade zur Hand war. »So wie jeder andere Arbeiter in der Gesellschaft auch«, stellten die Niniviten zufrieden fest.

Es wird erzählt, dass Jona, als er dieses geflügelte Wort aus dem ninivitischen Wissensschatz zum ersten Mal hörte, seinen Mut zusammennahm und auf dem Marktplatz eine Rede hielt: »Der Künstler ist nicht ein x-beliebiger Arbeiter«, versuchte Jona zu erklären, »der Künstler arbeitet mit der inneren wie auch der äußeren Realität, die er in bedeutungsvolle Metaphern verwandelt. Wer mit Geld arbeitet, handelt mit einem leeren Symbol. Wie sonderbar, dass für tausend und abertausend ninivitische Börsenhändler die Wirklichkeit aus dem zufälligen Ansteigen und Fallen von Zahlenkurven besteht, von denen sie sich Wohlstand erträumen, einen Wohlstand, der nur in ihrer Einbildungskraft existiert. Kein Fantasy-Autor oder Erschaffer virtueller Welten könnte je in seinem Publikum eine so wasserdichte Illusion hervorrufen, wie sie eine Aktionärsversammlung bestimmt. Erwachsene Männer und Frauen, die nicht für eine Sekunde an die Existenz eines Einhorns glauben würden – nicht einmal als Symbol –, akzeptieren als Tatsache, dass sie einen Aktienanteil an den Bäuchen aller Kamele dieser Stadt besitzen, und wähnen sich mit diesem Besitz glücklich und am Ziel all ihrer Wünsche.« Doch als Jona an diesen Punkt gekommen war, hatte sich der Platz bereits geleert.

Dies also die Gründe, warum Jona beschlossen hatte zu fliehen und auf das Schiff nach Tarsis sprang. Zufällig waren die Männer auf dem Schiff alle aus der Hafenstadt Jaffa, nicht unweit von Ninive. Nach allem, was wir wissen, war Ninive eine von Gier trunkene Stadt. Nicht Ehrgeiz – den auch alle Künstler in sich tragen – beherrschte sie, sondern nackte Gier. Jaffa hingegen war dafür bekannt, Propheten in der Stadt zu tolerieren und ihnen zumindest ein gewisses Maß an Freiheit zuzugestehen. Die Leute von Jaffa sahen den jährlichen Zustrom bärtiger, zerlumpter Männer und zerzauster Frauen mit wilden Augen fast schon mit Wohlwollen, da es kostenlose Werbung für Jaffa bedeutete, wenn die Propheten in andere Städte weiterzogen, wo sie nur Gutes über das gastfreundliche Jaffa erzählten. Zudem führte die jährliche Prophetenwanderung neugierige und illustre Gäste nach Jaffa, und weder die Gastwirte noch die Besitzer der diversen Karawansereien beschwerten sich über die hohe Nachfrage nach ihren Tafeln und Betten.

Wenn jedoch die Lage in Ninive schlechter wurde und die ökonomischen Schockwellen bis zur kleinen Stadt Jaffa brandeten, wenn die Profite zurückgingen und die wohlhabenden Bürger von Jaffa den einen oder anderen ihrer luxuriös verzierten, sechsspännigen Prunkwagen verkaufen oder ein paar ihrer Latifundien im Landesinneren schließen mussten, dann waren auch in Jaffa die Propheten nicht gern gesehen. Die Toleranz und spleenige Großzügigkeit aus wohlhabenderen

Tagen erschien den Bewohnern von Jaffa dann als sündhafte Verschwendung. Viele waren der Meinung, die Künstler, die sich in ihrem idyllischen kleinen Hafenstädtchen herumtrieben, sollten sich hüten, auch noch Forderungen zu stellen, und dankbar für die Brosamen sein. Dankbar, in Bruchbuden untergebracht zu werden, dankbar, mit unbrauchbaren Werkzeugen zu arbeiten, und dankbar für die Erlaubnis, ihre verrückten Projekte selbst finanzieren zu dürfen. Als sie aus ihren Unterkünften geworfen wurden, um zahlenden Kunden aus Babylon Platz zu machen, wurde ihnen erklärt, sie sollten sich gefälligst daran erinnern, dass sie Künstler waren und dass es für sie doch eine Ehre sei, in ein stinkendes Ziegenfell gehüllt unter freiem Firmament zu schlafen, genau wie die alttestamentarischen Propheten und Dichter in den guten alten Zeiten vor der Sintflut.

Allerdings bewahrten sich auch in solch schweren Zeiten die meisten Einwohner von Jaffa eine gewisse Anhänglichkeit an ihre Propheten. Wie bei einem lieb gewonnenen Haustier sagten sie sich nicht so ohne Weiteres von ihnen los. Deshalb zögerten sie, als der Sturm toste und das Schiff hin und her warf, Jona, ihrem Künstlergast, die ganze Verantwortung zuzuschieben. Zuerst versuchten sie ihre Himmel und Erde beherrschenden Götter anzurufen, doch ohne Erfolg. Der Sturm toste nur noch schlimmer. Scheinbar hatten die Götter gerade Besseres zu tun, als sich um eine Schiffsbesatzung voll klagender Bootsleute zu kümmern. Dann wandten sie sich an Jona, der im Bauch des Schiffs den Sturm verschlafen wollte, wie es Künstler zuweilen tun, und fragten ihn um Rat. Sogar als er ihnen mit kaum verhohlenem Stolz mitteilte, dass der Sturm ganz allein wegen ihm über sie hergefallen sei, zögerten sie, ihn über Bord zu werfen. Wieso sollte sich auch nur eine laue Brise wegen so einer abgerissenen Künstlernatur erheben? Wie wütend konnte ein lausiger Prophet die dunkle See schon machen? Doch der Sturm schwoll weiter an, der Wind heulte in den Takelagen, die Planken ächzten und stöhnten, wenn die Wellen gegen sie krachten, und schließlich erinnerten sich die Seeleute einer nach dem anderen an die alte ninivitische Weisheit, die sie auf den Knien ihrer Großmütter gelernt hatten: Alle Künstler sind Schmarotzer. Die einen mehr, die anderen weniger. Den lieben langen Tag schrieben Jona und seinesgleichen Gedichte, in denen sie über dieses nörgelten und sich über jenes beschwerten und ungeheuerliche Dinge über gänzlich harmlose Laster behaupteten. Warum sollte eine Gesellschaft, in der Gier die treibende Kraft ist, jemanden unterstützen, der sich nicht an der Mehrung des Reichtums beteiligte? Und schließlich sagte einer der Männer: Warum sollten wir uns als schlechte Kameraden anklagen, statt Jonas *mea culpa* anzunehmen und den Bastard ins Meer zu werfen? Er wird sich nicht wehren. Genau genommen hat er sogar darum gebeten.

Selbst wenn Jona seine eigenen Aussagen überdacht und zugegeben hätte, dass ein Schiff, zumal ein Staatsschiff, vielleicht doch ein paar weise Prophetien als zusätzlichen Ballast gebrauchen könnte, um es auf Kurs zu halten, so hatten die Seeleute durch langen Umgang mit der ninivitischen Politik sicher längst den Trick gelernt, wie man unliebsamen Rat in den Wind schlägt. Auf ihrem Zickzackkurs über die Ozeane dieser Welt, ständig auf der Suche nach neuen Ländern, mit denen sich freier, profitabler Handel treiben ließe, hatten die Seeleute die Überzeugung gewonnen, dass ganz gleich, was der Künstler zu sagen hatte, sein Wort das Gewicht von echtem Geld niemals aufwiegen könnte.

Als sie Jona über Bord warfen und sahen, wie sich die See beruhigte, fielen sie auf die Knie und dankten dem Gott Jonas. Niemand ist besonders darauf erpicht, in einem schwankenden Boot hin und her geworfen zu werden, und da das Tosen in dem Moment aufhörte, als Jona ins Wasser eintauchte, schlossen die Seeleute, dass er in der Tat der Schuldige gewesen und ihre Handlung deshalb gerechtfertigt war. Als einfache Leute hatten sie nicht die Vorteile einer klassischen Bildung genossen, noch konnten sie in die Zukunft sehen, sonst hätten sie gewusst, dass die Idee, die Künstlernaturen für alles Ungemach büßen zu lassen, bereits damals eine ehrwürdige Tradition hatte (die in den kommenden Jahrhunderten wieder neu aufleben sollte). Dann hätten sie von dem uralten Drang gewusst, der tief in jeder menschlichen Gemeinschaft verankert ist, jene unliebsamen Zeitgenossen zu bestrafen, die es wagen, an den Säulen unserer Gewissheiten zu rütteln. So ist für Platon zum Beispiel der Staatsmann, welcher den Staat nach den göttlichen Grundsätzen von Gerechtigkeit und Schönheit formt, der eigentliche Künstler. Gemeine Künstler wie Maler und Dichter reichen mit ihren Werken nicht an diese glorreiche Aufgabe heran. Sie produzieren nur Fantasiegebilde, einen Abklatsch der Realität, der die Jugend verdirbt.

Die Mächtigen haben die Vorstellung, wonach Kunst nur nützlich ist, wenn sie den Interessen des Staates dient, schon immer begrüßt. Ovid wurde für die Verse, die Kaiser Augustus gefährlich werden könnten, in den hintersten Winkel des Reichs verbannt. Die Kirche exkommunizierte Künstler, wenn sie es wagten, die Gläubigen mit vom heiligen Dogma abweichenden Gedanken in Versuchung zu führen. In der Renaissance wurden Künstler wie Kurtisanen verkauft und gekauft, und im 18. und 19. Jahrhundert galten sie – zumindest in der öffentlichen Wahrnehmung – als kuriose, auf Dachböden hausende und langsam an Melancholie und Auszehrung dahinsiechende Wesen. Flaubert bringt die bourgeoise Sicht in seinem *Wörterbuch der Gemeinplätze* auf den Punkt: »Alle Possenreißer. Ihre Uneigennützigkeit loben. Sich darüber wundern, dass sie gekleidet sind wie jedermann. Verdienen ungeheure Summen, werfen sie jedoch zum Fenster raus. (Was sie tun, kann man nicht ›arbeiten‹ nennen.) Werden häufig zum Diner in die Stadt eingeladen. Eine Frau, die Künstlerin ist, kann nur eine Dirne sein.«

Also wurde Jona ins Meer geworfen und von einem großen Fisch verschluckt. Das Leben im dunklen, weichen Bauch des Fisches war gar nicht mal so übel. In diesen drei Tagen und Nächten, sanft eingelullt vom Rumoren des schwer verdaulichen Planktons und der Garnelen in den Eingeweiden des Fisches, hatte Jona endlich Zeit nachzudenken. Ein Luxus, der Künstlern nur selten zuteilwird. Im Bauch des Fischs gab es keine Abgabetermine, keine Schulden beim Gemüsehändler, keine Windeln zu waschen, kein Essen zu kochen, keine Familienkonflikte, die einen just unterbrechen, wenn man den letzten Ton der fast fertigen Sonate schon fast greifen kann, keine Bankmitarbeiter, die man um eine Erhöhung des Kreditrahmens anbetteln muss, und keine Kritiker, über deren Unverständnis man vor Wut mit den Zähnen knirscht. Jona nutzte die Zeit, grübelte, betete, schlief und träumte. Als er erwachte, fand er sich an Land gespuckt, und Gott drängte mit nörgelnder Stimme: »Auf jetzt, geh nach Ninive, und führ deine Nummer auf. Es ist egal, wie sie reagieren. Jeder Künstler braucht ein Publikum. Das bist du deiner Arbeit schuldig.«

Diesmal tat Jona, wie Gott ihn geheißen. Im Bauch des Fischs hatte er etwas vom verlorenen Vertrauen in die Wichtigkeit seiner Kunst zurückgewonnen. Doch kaum hatte er mit seiner Rede begonnen, kaum hatte er fünf Worte gesprochen, fiel der König von Ninive schon auf die Knie und bereute. Auch die Einwohner von Ninive fielen auf die Knie, zerrissen sich die Kleider, und selbst die Schafe blökten unisono zum Beweis, dass auch sie bereuten. Der König und seine Untertanen hüllten sich in Bußgewänder, sie streuten Asche auf ihre Köpfe, versicherten einander, dass Vergangenes vergangen sei, und trugen unter lautem Gejammer dem Herrn dort oben ihre Reue an. Als er diese orgiastischen Reuebekundungen vernahm, zog Gott seine Drohung gegenüber Mensch und Vieh in Ninive zurück. Jona war natürlich stinksauer. Sein »anarchischer« Geist rebellierte. Er stürmte zum Tor hinaus, um in der nahe gelegenen Wüste über das Schicksal der Stadt zu schmollen, der so einfach vergeben worden war.

Erinnern wir uns, wie Gott daraufhin eine Pflanze aus dem kargen Boden wachsen ließ, um Jona von der Sonne abzuschirmen, und dass diese wohlmeinende Geste Jona aufs Neue mit Dankbarkeit gegenüber Gott erfüllte. Woraufhin Gott die Pflanze wieder eingehen ließ und Jona ein zweites Mal in der Sonne braten musste. Wir wissen nicht, ob Gottes Trick mit der Pflanze – die er dorthin setzt, um Jona Schatten zu spenden, nur um sie danach verdorren zu lassen – eine

Lektion war, die Jona von Gottes guten Absichten überzeugen sollte. Vielleicht sah Jona in der Pflanze auch ein Symbol für die Fördermittel, die ihm von der Nationalen Kunststiftung Ninives zuerst zugesagt und dann aufgrund der Kürzungen wieder entzogen wurden – eine Maßnahme, die ihn Wind und Wetter schutzlos auslieferte.

Jona wusste, dass in schweren Zeiten – wenn die Armen noch ärmer wären und die Reichen nahe daran, aus der obersten Steuerklasse rauszufallen – sich Gott nicht lange mit Fragen nach künstlerischem Verdienst aufhalten würde. Da er selbst Autor war, hatte Gott ohne Zweifel Sympathien für Jona. Denn welcher Künstler wünscht sich nicht genug Zeit, um in Ruhe nachzudenken, ohne sich dabei Sorgen machen zu müssen, wo die nächste Mahlzeit herkommt? Wer möchte nicht seine Prophezeiungen auf der Bestsellerliste der *Ninive Times* sehen, jedoch ohne mit den gewöhnlich dort vertretenen Dampfplauderern und Schmonzettendichtern verwechselt zu werden. Jona wollte die Menge mit feurigen Worten inspirieren, sie zur Rebellion aufrufen, nicht dazu, sich zu verbiegen. Er wollte Ninive dazu bewegen, in sich zu gehen und zu begreifen, dass Stärke, Weisheit, ja selbst das Leben nicht in den Münzhaufen begründet lagen, die Tag für Tag größere Pyramiden auf den Tischen der Finanziers bildeten, sondern in den Arbeiten der Künstler und der visionären Wut der Propheten, deren Aufgabe es war, das Boot auch mal ordentlich durchzuschütteln, um die Insassen aufzurütteln. All das verstand Gott, so wie er Jonas Ärger verstand, denn es ist möglich, dass auch Gott manchmal etwas von seinen schaffenden Geschöpfen lernt.

Doch es blieb ein Problem: Obwohl Gott Wasser aus einem Stein sprudeln und die Menschen von Ninive dazu bringen konnte zu bereuen, so konnte er ihnen doch nicht das Denken abnehmen. Mit dem geistlosen Vieh konnte er Mitleid haben. Doch was, fragte Gott in seiner erhabenen Ironie Jona, von Schöpfer zu Schöpfer, von Künstler zu Künstler, sollte er nur mit diesen Leuten anfangen, »die nicht einmal rechts und links unterscheiden können«?

Auf diese Frage hin nickte Jona bloß und wurde still.

Dona Emilia

In einem nicht ganz ernst gemeinten Gedankenspiel ließen sich Länder nach ihren beliebtesten Kinderbuchfiguren charakterisieren. England wäre dann Alice, ständig verstrickt in Kämpfe mit absurden sozialen Rollenbildern und Vorurteilen. Italien wäre der rebellische und lebenslustige Pinocchio, der gerne ein »echter Junge« werden will. Die Schweiz wäre die humorlose und oberbiedere Heidi und Kanada die schlaue und umsichtige Überlebenskünstlerin Anne of Green Gables. Die Vereinigten Staaten würden sich selbst vielleicht in Dorothy wiedererkennen, jener Heldin also, die desillusioniert feststellen muss, dass die Smaragdstadt ihren sagenhaften Namen den grünen Schutzbrillen verdankt, welche ihre Bewohner bei Tag und Nacht tragen müssen, und dass der regierende Zauberer nichts als ein geschickter Hochstapler ist, der seine Beliebtheit allein der Tatsache verdankt, dass er den Leuten das Blaue vom Himmel verspricht. »Was bleibt mir denn übrig, als den Scharlatan zu spielen«, sagt der große Zauberer von Oz, nachdem er Löwe, Blechmann und die

Vogelscheuche reingelegt hat, »wenn die Leute von mir Dinge verlangen, die offensichtlich nicht möglich sind?«

In diesem Gedankenspiel wäre Brasilien die aus Lumpen und Kleiderresten zusammengesetzte Flickenpuppe Dona Emilia, die auf der Gelbspecht-Finca irgendwo in den endlosen Weiten der brasilianischen Pampa von der schwarzen Köchin Tante Anastasia zum Leben erweckt wird. Außerhalb von Brasilien und einer Handvoll südamerikanischer Länder sind die Kinderbücher des José Bento Renato Monteiro Lobato völlig unbekannt, in ihrem Heimatland hingegen gehören Dona Emilia, Tante Anastasia und die übrigen Bewohner zum festen Kulturgut des 20. Jahrhunderts.

Auf besagter Gelbspecht-Finca wohnt die ehrenwerte Dona Beta mit ihren zwei Enkeln Pedrinho und Lúcia, die wegen ihrer feinen, leicht nach oben weisenden Nase Narizinho genannt wird. In der ländlichen Abgeschiedenheit erschaffen die Kinder zusammen mit ihrer Großmutter eine illustre Reihe von frei (und weniger frei) erfundenen Charakteren wie eine weise Maiskolbenpuppe namens Visconde de Sabugosa, den einbeinigen, stets Pfeife rauchenden Saci-Pereré und eine ganze Armada sprechender Tiere. Es gibt außerdem eine furchteinflößende Kreatur namens Cuca, die nachts die Träume der Kinder heimsucht.

Narizinho liebt ihre Puppe und besteht darauf, dass Dona Emilia bei jeder Mahlzeit neben ihr sitzt. Nach einer Wunderpille des mysteriösen Doktor Caramujo kann Dona Emilia sprechen. Gleich mit dem ersten Satz, der der Puppe über die Lippen kommt, beschwert sie sich über den furchtbaren Geschmack nach Krötenhaut, den die Pille auf ihrer Zunge hinterlässt. Von nun an ist die Puppe ein nie versiegender

Quell an kritischen Beobachtungen, ironischen Bonmots, ungewöhnlichen und höchst anarchischen Einfällen, die sich zu einem brodelnden Wörteruniversum auftürmen, welches viel realer und wahrhaftiger erscheint als die Welt der Pampagraslandschaften und Palmölplantagen vor der Haustür.

Nach einigen turbulenten Bänden beschließt Dona Emilia in einer späteren Folge ihr Leben festzuhalten, wobei sie sich nach eigenen Worten von einem anderen illustren Erbauer fiktiver Welten inspirieren lässt, »dem Engländer Robinson Crusoe«. Sie beginnt den Text in vollendet klassischer Manier: »Ich wurde im Jahr *** in der Stadt *** in eine arme, aber aufrichtige Familie geboren.« An diesem Punkt unterbricht sie der Visconde, der sich trotz seiner edlen Herkunft die Geschichte von ihr diktieren lässt, mit der Frage, ob all diese Sternchen etwa nur dazu da seien, ihr wahres Alter zu verheimlichen. Die schlagfertige Dona Emilia antwortet: »Nein, die sind dazu da, aufdringliche Historiker in den Wahnsinn zu treiben.« Als Dona Benta sie fragt, was genau denn Memoiren seien, entgegnet Dona Emilia: »Ein Memoirenschreiber schreibt so lange weiter, bis er den Tag seines Todes nahen fühlt. Dann hört er auf und lässt das Ende offen, um so in Frieden zu sterben.« Sie fügt aber noch hinzu: »Ich denke aber keinesfalls daran zu sterben. Ich werde nur so tun, als ob ich sterbe, und meine letzten Worte werden sein: Dann starb ich.« Tristram Shandy beschreibt in *Leben und Ansichten eines Gentleman* bekanntermaßen den Tag seiner Geburt, Dona Emilia sogar den Tag ihres Todes. Diese beiden Texte zeigen die ganze Spannweite der hohen Kunst der Autobiografie.

Dona Emilia verfügt über magische Kräfte, mit denen

sie durch Zeit und Raum reisen kann. Manchmal nimmt sie Narizinho und Pedrinho mit an weit entfernte Orte oder in die graue Vorzeit. Von überall, wo sie hingeht, bringt sie Geschichten mit und macht dabei die Kinder mit fantastischen Kreaturen und historischen Persönlichkeiten bekannt, vom Zentaur über Herkules bis Perikles. Als sie gefragt wird, ob ihre Geschichten denn auch der Wahrheit entsprächen, sagt Dona Emilia: »Die Wahrheit ist eine Art gut zusammengenähte Lüge, eine Lüge, an der niemand zweifelt. Mehr nicht.«

Nach Monteiro Lobatos Tod warfen ihm Kritiker Rassismus vor. Seine Werke gerieten ins Kreuzfeuer (so wie in England die *Noddy*-Serie von Enid Blyton und wie man in Japan Pinocchio aus den Regalen zu verbannen versuchte), indem man eine geringschätzige Haltung gegenüber den schwarzen Charakteren unterstellte. Die Vorwürfe mögen für den Autor zutreffen. Und doch ist da etwas in den Geschichten von der Gelbspecht-Finca, das hinausreicht über die Vorurteile, die ihr Autor im Privaten gehegt haben mag. Und dies ist es, was von Dona Emilia und ihren Freunden bleibt als Gefährten auf unserem Weg durch die gut zusammengenähten Lügen dieser Welt.

Wendigo

Wir wissen, dass jegliches Ding eine Schattenseite hat. Auf den Tag folgt die Nacht, unser Wachleben spiegelt sich im Traum, hinter unseren Manieren verborgen tummeln sich unsere geheimsten Gedanken und Wünsche. An einem kleinen Kirchentor in Nordquebec befindet sich eine Statue, die von vorne betrachtet als eine Dame erscheint, doch an ihrer Rückseite entdeckt der entsetzte Betrachter eine wimmelnde Masse von Würmern und Maden, die sich in ihrem Torso winden.

Auf ihren einsamen Jagdausflügen in der weiten Tundra Kanadas zwischen dem Saint-Maurice-Fluss und dem Ottawa-Strom ersannen die Algonquin-Indianer einen schrecklichen Verfolger, der ihre Ängste verkörperte. Der brüllende Wind gab ihm seine Schnelligkeit und Stimme, der Schnee ein Herz aus Eis, die hohen Bäume seine gigantische Gestalt, Nebelfetzen seine hässliche Fratze mit den rissigen Lippen, durch die die Reißzähne bedrohlich hervorschimmern. Zu allem Übel verlieh die Angst der Jäger vor dem Hun-

gertod dieser Kreatur eine unbändige Lust auf Menschen-
fleisch.

Sie nannten ihn den Wendigo oder Wendago, auch Wintigo
oder Wintsigo (es gibt achtunddreißig verschiedene Schreib-
weisen), während er in der Zunge anderer Stämme Namen
wie Atchen oder Wechuge erhielt. Schriftlich dokumentiert
wird das Wesen zum ersten Mal 1743 durch den Händler
James Isham als »Whiteco«, den er in anderen Worten als
»der Teufel« bezeichnet. Wer dem Wendigo in seinen Anfän-
gen begegnet, berichtet von einem beklemmenden, namenlosen Schrecken. In späteren Reinkarnationen verbleibt nur
noch der ferne Widerhall dieser geisterhaften Furcht, wenn
der Wendigo mit wissenschaftlicher Kaltblütigkeit seziert,
mit psychologischer Neugier studiert oder mit der Feder des
Erzählers neu erschaffen wird, wie etwa in den Geschichten
von Algernon Blackwood und August Derleth.

Wie beim Vampir und Werwolf hinterlässt die Begegnung
mit einem Wendigo Spuren: Der Unglückliche, der ihm begegnet, wird selbst zum Wendigo. Der Wendigokenner John
Robert Colombo erklärt die unterschiedlichen Wege, wie es
dazu kommen kann: »Von der Kreatur gebissen zu werden
bedeutet sichere Ansteckung. Wer vom Wendigo träumt,
wird ebenfalls zum Wendigo. Auch kann ein Medizinmann
oder Schamane dich mittels seiner Magie über Nacht in dieses
blutrünstige Monster verwandeln.« Allein der Tod befreit aus
dieser Rolle. In David Thompsons Geschichte *Man Eaters*
lesen wir von einem gewissen Nahathaway, einem Cree-In-
dianer, »dem der Hunger zweimal so zusetzte, dass er jedes
Mal kurz davor stand, seine eigenen Kinder zu essen«. Dieser
finstre Drang setzte sich in ihm fest und wurde schlimmer,

wenn er Grog trank. Dann raunte er wie in tiefen Gedanken vor sich hin: »Nee weet to go« (was Thompson dankenswerterweise für uns als »Ich muss ein Menschenfresser sein« verdolmetscht), woraufhin seine Gefährten ihn so lange fesselten, bis er sich beruhigt hatte. Drei Jahre später wurde das Auftreten dieser schrecklichen Anfälle so häufig, dass die Eingeborenen Nahathaway aus Angst erschossen und seinen Körper verbrannten, um seinen Geist von dieser Erde zu vertreiben.

Hunger gebiert nur immer neuen Hunger. Und gierige Esser sind besonders anfällig für den Fluch des Wendigo. Der Anthropologe Diamond Jenness weiß zu berichten, dass »ein Vielfraß, der Butter und Fett löffelweise isst, oder dicken Bratensaft direkt aus der Kanne trinkt, anstatt ihn über seine Kartoffeln zu gießen, besonders gefährdet ist, sich in einen Wendigo zu verwandeln. Deshalb bringt man den Kindern das maßvolle Essen bei.«

Der Wendigo ist ein Kannibale. Er hat aber noch eine weitere, mysteriöse Seite, denn er ist zudem ein Doppelgänger, der die Todgeweihten holen kommt. Dem eigenen Doppelgänger zu begegnen ist ein Zeichen großen Unglücks (außer im jüdischen Volksglauben, wo solch eine Begegnung die Gabe der Prophetie ankündigt), und das Opfer wird von den eigenen Leuten geächtet. Diese Eigenschaft des Wendigo wird in der Ballade »The Walker of the Snow« von C. D. Shanly besungen. In dem im Mai 1859 erschienenen Gedicht begegnet ein einsamer Wanderer einer Gestalt im Nebel, die ihn begleitet – wie Vergil in der *Göttlichen Komödie* Dante –, aber keine Spuren im Schnee hinterlässt. Diese Erscheinung ist so furchteinflößend, dass sich die Haare des Reisenden weiß färben, und als er schließlich von einer Gruppe Fallensteller gerettet wird, wagt niemand, mit ihm zu sprechen. »Aber sie sprachen nicht, als sie mich aufhoben / Denn sie wussten, dass in der Nacht / Dem Schattenjäger ich begegnet war / Und welkte vor seiner Schreckensmacht.« Vielleicht beschwört die eisige Landschaft des hohen Nordens den Wendigo herauf, vielleicht ist diese albtraumhafte Figur aber auch zu schrecklich, als dass wir sie als Geschöpf unserer eigenen Vorstellung akzeptieren könnten, weshalb wir sie in die Eis- und Schneeödnis verbannen? Über den Wüsten Arabiens flirrt die Fata Morgana, in den grünen Hügeln Irlands lebt das kleine Volk, der unergründliche Ozean ist das Heim des schrecklichen Kraken, der beim Klang des letzten Trompetenstoßes heraufkommen wird. Kanada wird von etwas heimgesucht, das ebenso gewaltig und unzivilisiert ist wie seine Landschaften, ebenso unergründlich und geheimnisvoll: die schreckliche Schattenseite seines eigentlich gastfreundlichen Wesens.

Heidis Großvater

Wir wissen nur wenig über diesen alten Einsiedler.
Er wird als garstig, grummelig und ungesellig beschrieben, bekannt dafür, unangekündigte Besucher auf seiner Alphütte hoch oben in den Schweizer Alpen gleich wieder vor die Tür zu setzen. Jahr um Jahr bleibt er der Kirche fern. Die Leute halten ihn für einen Ungläubigen, diesen Griesgram mit seinen dichten, über der Nase zusammengewachsenen Augenbrauen und seinem riesigen, zottetigen Bart. Wenn er einmal alle zwölf Monate mit seinem knotigen Wanderstock auf den Bergpfaden wandert, versuchen die Leute ihm aus dem Weg zu gehen. Keiner will gerne mit ihm allein sein. Alle nennen ihn nur den Alm-Öhi, auch wenn keiner so genau weiß, woher der Spitzname kommt.

Es geht das Gerücht, der Alm-Öhi sollte einst einen großen Hof im Nachbardorf erben, verprasste aber in jungen Jahren sein Vermögen durch Alkohol und Glücksspiel. Seine calvinistisch geprägten Eltern starben aus Kummer, woraufhin ihr Sohn für eine Weile verschwand, keiner weiß so genau, wohin. Jahre später kam er zurück und brachte einen schon fast erwachsenen Sohn namens Tobias mit. Tobias wurde Tischler, ein ruhiger, zuverlässiger Mensch. Er heiratete eine Frau namens Adelheid. Doch eines Tages erschlug ihn ein herabfallender Dachbalken bei der Arbeit. Adelheid erholte sich nie von diesem Schock und starb wenige Wochen nach ihrem Ehemann. Ihre erst einjährige Tochter Heidi war damit zur Waise geworden. Die Leute raunten, der Himmel habe den Alm-Öhi für seine schlechten Taten bestraft. Nach dem Tod seines Sohnes sprach er mit keinem mehr ein Sterbenswörtchen. Er zog hoch in die Almhütte und lebte dort »ohne Augen, Geschmack und alles«, wie es Jacques in Shakespeares Komödie *Wie es euch gefällt* so treffend formuliert, Gott und die Schöpfung verfluchend.

Heidi wird von einer Tante und deren Tochter aufgezogen. Als der Tochter jedoch eine Stelle in Frankfurt angeboten wird, lassen sie Heidi bei ihrem eigenbrötlerischen Großvater zurück. Heidi ist glücklich darüber. Das fünfjährige Mädchen fühlt sich frei auf der Alm, wo sie mit den Ziegen spielt (die weiße nennt sie Schwänli, die braune Bärli), in einem Bett aus Heu schläft – inmitten einer Idylle aus blühendem Edelweiß und den spitzen Schreien kreisender Adler. Hier kann sie tun und lassen, was sie will.

Auch als sie später nach Frankfurt zieht, um eine richtige Bildung zu erhalten, und sich dort mit einem Mädchen im Rollstuhl anfreundet, nutzt sie ihre Freiheit, indem sie allerlei Listen ausheckt, um den Menschen zu Haus zu helfen, obwohl sie, wie sie später ihrem Großvater beichtet, sich oft einsam fühlt und es ihr schwerfällt, so weit weg von ihm und den Bergen zu sein. Ihren Kummer schluckt sie hinunter, »weil es undankbar war«, sich zu beschweren. Heidi ist ein wildes Kind (wie Huckleberry Finn, Mowgli und Peter Pan) ganz im Sinne von Rousseaus Ideal des *bon sauvage* und instinktiv gut. Als sie in der Stadt eine alte, zahnlose Frau kennenlernt, bringt sie ihr weiche Brötchen und kümmert sich rührend um sie. Allgemein gilt Heidi als Verkörperung der Schweizer, die andere mit tröstender Schokolade und sicheren Nummernkonten umsorgen.

Am Ende wird der alte Ungläubige doch noch gerettet. »Und wenn's einmal so ist, dann ist es so; zurück kann keiner, und wen der Herrgott vergessen hat, den hat er vergessen«, sagt er zu Heidi. Sie jedoch korrigiert seinen dogmatischen Fehlschluss: »O nein, Großvater, zurück kann einer, das weiß ich.« Solchermaßen von seiner Heidi überzeugt, geht der Großvater zum ersten Mal seit dem Tod seines Sohnes wieder in die Kirche und findet dort zum Glauben. »Ja, und siehst du«, sagt er zu Heidi, »mir geht's auch heut über Verstehen und Verdienen gut, und mit Gott und Menschen im Frieden stehen, das macht einem so wohl! Der liebe Gott hat's gut mit mir gemeint, dass er dich auf die Alm schickte.« Fast können wir die Kirchturmglocken im Hintergrund läuten und den Chor der Engel singen hören. Das ist wahrlich ein höchst verdächtiges Ende für diesen alten, einsiedlerischen Ziegenbock, hinter dessen strengem, zerzaustem Äußeren es beständig zu brodeln scheint.

In der Geschichte verkörpert Heidi Lebenslust und Versöhnung, doch was ist mit diesem schroffen, erst ganz am Schluss zur reuigen Einsicht gekommenen Großvater? Wofür steht dieser in sich selbst zurückgezogene Mann in seiner dem Himmel nahen Postkartenlandschaft?

Die kleine, von Bergen eingeschlossene und seit jeher neutrale Schweiz wendet die Strategie des Igels an: sich selbst zur Kugel zusammenrollen und der Außenwelt die Stacheln zeigen. Die beste Verteidigung besteht für sie seit 700 Jahren nicht im Angriff, sondern darin, sich jodelnd bis zu den Zähnen zu bewaffnen. Die Schweiz hat sich nie an einem Krieg außerhalb der Landesgrenzen beteiligt, selbst wenn die ganze Welt um sie herum in Brand stand. Ihre Armee besteht aus ihren männlichen Bürgern, die, soweit diensttauglich, zum Training an der Waffe verpflichtet sind und Gewehr und Uniform zu Hause neben Wanderstock und Wanderhosen im Schrank stehen haben. Auch war das ganze Land noch bis vor Kurzem vermint. Im Falle einer Invasion konnten alle strategisch wichtigen Tunnel und Brücken mit einem Fingerschnipsen gesprengt werden. Für die Feinde der Schweiz bedeutete eine Sabotage ihres Gegners deshalb kurioserweise Bomben zu entschärfen, anstatt sie zu legen. Das inoffizielle Motto der Schweiz ist, nicht ohne eine gewisse Ironie, das der drei Musketiere. »Einer für alle und alle für einen.«

John Ruskin spricht sich in einem berühmten Aufsatz gegen den Hang zur »Vermenschlichung der Natur« aus, was er für einen groben Fehlschluss hält. Laut Ruskin ist es falsch, einer Landschaft menschliche Eigenschaften und Emotionen anzudichten. Weiter argumentierte er, dass sich dem Mann, der ungeachtet seiner Gefühle genau zu beobachten weiß, die Dinge in dieser Welt wie eine Primel erschließen, Blatt um Blatt, ganz unabhängig davon, welche Gedankenverbindungen und Leidenschaften der Anblick hervorruft. Das mag richtig sein. Und dennoch: Ist es wirklich so falsch, in Heidis mürrischem Großvater ein Echo seines von Bergen geprägten

Heimatlandes zu erkennen, das sich scheinbar nur um seine eigenen Geschäfte schert, doch in seinem Inneren leicht entzündbare Leidenschaften hegt und vor sich her die leise Warnung trägt: ›Eindringlinge werden erschossen‹?

Die kluge Else

Märchen erhellen oft auf verstohlenem Weg, wie dunkel und angsteinflößend unsere Welt sein kann. In unserem durch und durch skeptischen Zeitalter scheint ihre verwunschene und traumverlorene Botschaft überholt, und doch glauben wir manchmal unwillkürlich daran, dass die Kur für einen Fluch ein hundertjähriger Schlaf ist oder dass etwas Furchtbares mit spitzen Zähnen im Bett der Großmutter auf uns lauern könnte.

Die kluge Else erzählt die Geschichte eines Mädchens, das verheiratet werden soll, wenn sie sich als einsichtig und gescheit erweist. Während des Mahls, zu dem ihre Eltern ihren zukünftigen Ehemann Hans eingeladen haben, wird Else in den Keller geschickt, um Bier zu zapfen. Dort angekommen, lässt sie ihren Blick schweifen und bemerkt eine genau über ihrem Kopf in der Decke steckende Kreuzhacke. Die kluge Else fängt an zu grübeln. »Wenn ich den Hans kriege, und wir kriegen ein Kind, und das ist groß, und wir schicken das Kind in den Keller, dass es hier soll Bier zap-

fen, so fällt ihm die Kreuzhacke auf den Kopf und schlägts tot.« Daraufhin bricht sie vor Panik in Tränen aus. In der Zwischenzeit beginnen die Eltern sich zu wundern, was Else so lange im Keller macht. Die Magd soll nachsehen gehen, wo sie bleibt. Else erklärt der Magd den Grund für ihre Tränen, woraufhin diese in ihre Klagen einstimmt. Dann wird der Knecht geschickt, nach Else und der Magd zu suchen. Es folgen noch die Mutter und der Vater, bis irgendwann alle heulend im Keller sitzen und über das traurige Schicksal des ungeborenen Kindes jammern. Als Letzter steigt Hans der Familie nach in den Keller und lässt sich berichten, was geschehen ist. Daraufhin sagt er: »Nun, mehr Verstand ist nicht nötig, weil du so eine kluge Else bist, so will ich dich haben.« Die Sache mit dem Bier ist völlig in Vergessenheit geraten.

Wir sind alle in unserem Leben irgendwann einmal in den Keller gerufen worden, um Zeuge eines angeblich unausweichlichen Geschehens zu werden. Auch wir haben vielleicht eine Tragödie lautstark beweint, die noch gar nicht eingetreten ist, anstatt die Kreuzhacke einfach herauszuziehen. Doch es gibt einen Unterschied zwischen begründeter Sorge angesichts von Korruption, Gier oder einem Blutbad und der künstlich angefachten Angst vor einer namenlosen Gefahr. In der Tat geschehen Tag für Tag schreckliche Dinge, die Leid über die Erde bringen und für die eine kleine Zahl unmoralischer Frauen und Männer verantwortlich sind. »Die Götter sind Krankheiten geworden«, schrieb C. G. Jung zehn Jahre nach dem Zweiten Weltkrieg. »Zeus regiert nicht mehr den Olymp, sondern den Plexus solaris und verursacht Curiosa für die ärztliche Sprechstunde oder stört das Gehirn von

Politikern und Journalisten, welche unwissentlich psychische Epidemien auslösen.«

Heutzutage beziehen wir unser tägliches Maß an Panik aus Fake News und Verschwörungstheorien frei Haus. Unsere unbegründeten Ängste erlauben den Mächtigen, Maßnahmen zu ergreifen und Gesetze zu erlassen, mit denen sie in einer vernünftigeren Zeit niemals durchgekommen wären. Warum hat das keiner von unseren sogenannten Experten kommen sehen?, fragen sich die meisten einfachen Leute (wie Else), wenn in den Abendnachrichten wieder einmal die dunklen Wolken der Apokalypse dräuen oder sogenannte Wirtschaftsweise im Brustton der Überzeugung aus der Luft gegriffene Prognosen von sich geben. »Die echte Wissenschaft der Nationalökonomie«, schrieb John Ruskin in *Diesem Letzten,* »die sich von der Bastardwissenschaft wie Medizin von Quacksalberei oder wie Astronomie von Astrologie unterscheidet, ist diejenige, die die Nationen lehrt, nach den zum Leben führenden Dingen zu trachten und an ihnen zu arbeiten; dagegen die zum Verderben führenden Dinge zu verschmähen und zu vernichten.« Schon der heilige Paulus hielt sich eng an die Tertullian zugeschriebenen Worte: »Ich glaube, weil es unmöglich ist.« Dieser Satz bekommt im Zeitalter der Fake News eine neue Qualität. Wir zweifelnden Leser hingegen sollten uns den Ausspruch der falschen Suppenschildkröte in *Alice im Wunderland* zu Herzen nehmen: »Ich kenne es zwar nicht von früher, aber mir kommt es wie kompletter Unsinn vor.«

Was würde wohl passieren, wenn wir alle uns Elses besondere Art der Klugheit zu eigen machten? Wenn wir das vernünftige Abwägen aufgeben und uns ihrer paralysierenden Panik hingeben würden, wenn wir uns von jeder politischen Schnapsidee oder jeder unvermittelt um sich greifenden Verschwörungstheorie in Schockstarre versetzen ließen und vergäßen, als eigenständige Individuen zu denken? Würden wir nicht uns selbst dann verloren gehen?

Das Märchen endet mit einer Warnung. Nachdem die beiden geheiratet haben, schickt Hans seine kluge Else aufs Feld, das Korn schneiden. Die kluge Else entscheidet sich jedoch, bevor sie arbeitet, zunächst ihren mitgebrachten Brei zu essen. Und nach dem Essen scheint es ihr klüger, zuerst ein wenig zu schlafen und danach die Feldarbeit zu verrichten. Als ihr Ehemann sie abends vom Feld abholen will, findet er die schlafende Else inmitten des ungeschnittenen Korns. Um sie zu bestrafen, hängt er der Schlafenden ein Vogelgarn mit kleinen Schellen an. Als die kluge Else erwacht, ist es bereits dunkel, und mit jedem Schritt, den sie macht, klingelt es um sie herum. Sie erschrickt und beginnt sich zu fragen, ob sie noch sie selbst ist. Völlig verstört läuft sie nach Hause, klopft an die Tür und fragt: »Hans, ist die Else drinnen?« – »Ja«, antwortet da ihr erbarmungsloser Mann, »sie ist drinnen.« Daraufhin befällt eine namenlose Angst die kluge Else. »Ach Gott, dann bin ich's nicht«, ruft sie aus und läuft so ihres Namens und ihres Selbst beraubt fort, fort aus dem Dorf und weit hinaus in die Nacht. Und sie ward nimmermehr gesehen.

John Silver

Die Entstehungsgeschichte der *Schatzinsel* ist wohlbekannt. Die des berühmten Piraten John Silver hingegen weniger. Im Juli 1880 kehrte Robert Louis Stevenson nach einem anstrengenden Aufenthalt in Kalifornien nach England zurück. Da sich seine Eltern wegen seines schlechten Gesundheitszustands Sorgen machten, schlugen sie vor, Robert solle sich in der schottischen Stadt Braemer auskurieren. Stevenson hatte etwas früher bereits seinem dreizehnjähriger Stiefsohn Lloyd Osbourne eine Miniaturpresse geschenkt, die beiden zu einem gemeinsamen sagenhaften literarischen Abenteuer verhalf. Auf Drängen des jungen Kleinverlegers entwarf Stevenson eine Reihe poetischer »Embleme«, die zusammen mit einigen Holzschnitten des Autors in einer ausschließlich für die Familie gedachten Ausgabe auf dieser Presse gedruckt wurden.

Lloyd schmückte sein Zimmer mit selbst gemalten Zeichnungen, zu denen Stevenson die handkolorierte Karte einer imaginären Insel beisteuerte. Als Lloyd ihn drängte, dass sich hinter dieser Karte eine Geschichte verbergen müsse, dachte sich Stevenson eine Abenteuergeschichte von Piraten und vergrabenen Schätzen aus. Das Einzige, was sich Lloyd ausbedungen hatte, war, dass keine Frauen vorkommen sollten. Stevenson fiel so viel ein, dass er beschloss, die Geschichte aufzuschreiben. Jeden Abend las er Lloyd vor, was er tagsüber geschrieben hatte. Schnell gesellte sich Stevensons Vater hinzu. Gebannt lauschten sowohl der alte Mann als auch der Junge Abenteuer um Abenteuer. Bis dahin hatte Stevenson Kurzgeschichten, Gedichte und Essays geschrieben, an einen Roman hatte er sich nie herangewagt. Nun hatte sich die Gelegenheit wie durch Magie ergeben.

Seit er denken konnte, hatte Stevenson die Tuberkulose geplagt. Nach sechzehn Kapiteln fühlte er sich zu schwach, um weiterzuschreiben. Als das Kindermagazin *Young Folk* jedoch anbot, die Arbeit unter dem Titel *The Sea Cook* als Fortsetzungsroman zu publizieren, wusste er, dass es ihm gelingen musste, die Geschichte zu beenden. Stevenson war damals einunddreißig und verdiente die Brötchen für sie alle.

In der Hoffnung, Stevensons Gesundheit würde sich in der frischen Bergluft verbessern, reiste die Familie nach Davos. Durch die Bergluft gestärkt, nahm Stevenson die Arbeit wieder auf. Da ihm die Ärzte verboten hatten, vor dem Mittag aufzustehen, um seine Lungen zu schonen, schrieb er im Bett sitzend Kapitel um Kapitel, und an den Abenden nutzte er seine wiedergewonnene Kraft, um seiner Familie vorzulesen. Nachdem das letzte Kapitel in dem Magazin erschienen war, hielt Stevenson in Händen, was er später *Die Schatzinsel* nannte.

Die Schatzinsel wimmelt von unvergesslichen Charakteren: Da ist der Piratenlieder singende, geduldig auf den ihm vorhergesagten Tod wartende Billy Bones, der ständig herumbrüllende blinde Pew, der hochanständige Baron Trelawney, der sich allzu leicht vom äußeren Schein täuschen lässt, und der von verborgenen Schätzen in Versuchung geführte, eigentlich aber sittenstrenge Doktor Livesay. Außerdem gibt es da noch den auf der Schatzinsel zurückgelassenen, an der Grenze zum Wahnsinn wandelnden ehemaligen Piraten Ben Gunn und natürlich unseren Erzähler, den jungen Jim Hawkins, der ungewollt sein Leben und das seiner Kameraden aufs Spiel setzt für einen Kleinejungentraum von Piraten und Schätzen auf einsamen Inseln. Keiner jedoch ist so einprägsam wie der einbeinige Seemann John Silver, dessen Papagei gebetsmühlenartig die Worte »Goldstücke! Goldstücke! Goldstücke!« wiederholt. Als Silver nach gut einem Drittel des Buches vom gutgläubigen Baron Trelawney als Schiffskoch eingestellt wird, sind er und der Doktor sich sicher, in ihm einen wahrhaft »ehrlichen Mann« gefunden zu haben, da sie vom Namen Silver (einem Metall, das für Reinheit und Beständigkeit steht) auf seinen Charakter schließen. Das Adjektiv »ehrlich« zieht sich als sarkastische Warnung an den Leser von hier an durch das gesamte Buch.

Silver ist dünkelhaft, schwer einschätzbar, verschlagen und höchst zwiespältig. Stevenson ließ sich für diese Figur von seinem Freund William Ernest Henley inspirieren. Henley war ein Intellektueller, ein größerer Leser als Autor, der in seiner Kindheit aufgrund einer tuberkulösen Arthritis ein Bein verloren hatte. Die beiden Männer waren sich während eines gemeinsamen Klinikaufenthaltes begegnet und Freunde geworden. Es entstanden einige gemeinsame Theaterstücke, die zu Recht in Vergessenheit geraten sind. Als Schriftsteller zwar nicht sonderlich erfolgreich, erwies sich der gewiefte und risikofreudige Henley als verlegerisches Genie. Kipling, Henry James und H. G. Wells veröffentlichten ihre ersten Romane bei ihm. In einem Brief an Henley aus dem Jahr 1883 gesteht Stevenson seinem Freund: »Es war der Anblick deiner Stärke und Souveränität trotz der Versehrtheit, welche Long John Silver ins Leben rief [...] auf die Idee eines verkrüppelten Mannes, der über die Gesunden herrscht, ja von ihnen gar gefürchtet wird, hast allein du mich gebracht.« Und doch floss in das Porträt des Freibeuters und Schiffskochs mehr ein als nur das Äußerliche. Henleys schillernde Persönlichkeit, sein scharfer Intellekt, seine extravaganten Eigenarten und grenzenlosen Ambitionen fanden im Charakter des Piraten ein düsteres Spiegelbild.

Zwei Szenen geben uns einen tieferen Einblick in den Charakter des John Silver: der Mord an dem Matrosen Tom, den Jim beobachtet, und der Pakt, den Silver später Jim vorschlägt. Als die Meuterei beginnt, wendet sich der gutgläubige Tom an Silver mit den hoffnungsvollen Worten: »Silver, du bist alt, du bist anständig oder giltst wenigstens dafür, du hast Geld, was die meisten Teufel von Matrosen nicht haben; und du bist tapfer, oder ich müsste mich sehr irren. Willst du mir wirklich weismachen, dass du dich von diesem Gelump mitreißen lässt? Das ist doch nicht wahr!« Als er seinen Fehler erkennt und einsieht, dass Silver einer der Meuterer ist, versucht Tom zu fliehen, wird aber von einem Ast niedergestreckt, den Silver mithilfe seiner Krücke nach ihm wirft. (Diese Szene könnte von einer Geschichte über Henley und Oscar Wilde inspiriert sein, die Stevenson sicherlich zu Ohren gekommen ist. Nach einem gemeinsamen Theaterbesuch in London entfachte sich eine hitzige Diskussion zwischen den beiden Gentlemen. Als sie sich schon verabschiedet hatten, drehte sich Wilde noch einmal um, um eine letzte Bemerkung loszuwerden, woraufhin Henley seine Krücke nach ihm warf.) Tom stolpert, und Silver ersticht ihn. Ein Kunstgriff, der uns aufs Scheußlichste verdeutlicht, dass sich nach Silvers Mord rein gar nichts in der Welt verändert hat. Das Leben eines Menschen ist auf grausame Weise beendet worden, aber zu Jims Verwunderung scheint die Sonne unbekümmert weiter. Die Vögel singen, als sei nichts gewesen.

In der zweiten Szene ist Jim dann nicht mehr bloßer Beobachter, sondern Handelnder. Silver schlägt ihm einen Pakt vor. Der Freibeuter will Jim gegen die Meuterer verteidigen, und der Junge soll ihn später als Zeuge bei Gericht vor dem Galgen bewahren. Silver sagt zu ihm: »Ah, du, der du jung bist – du und ich zusammen, was hätten wir beide gemeinsam leisten können!« Hier wird die Versuchung eines Lebens als Pirat deutlich. Über Silvers Worten hängt der Schatten dessen, was hätte sein können. Der Junge wiederum entdeckt zum ersten Mal die verschwommene Grenze zwischen einem zivilisierten Leben, das sich nach den Gesetzen der Gemeinschaft richtet, und dem Leben eines Abenteurers, der allein dem Ruf des Blutes folgt.

Jim steht zu seinem Wort und bricht nicht den Pakt mit dem alten Freibeuter, obwohl Doktor Livesay ihn dazu drängt, Silver vor Gericht für seine Schandtaten büßen zu lassen. Ohne dem Leser mitzuteilen, wie genau es geschehen ist, hat Silver aus dem unerfahrenen Jungen einen »ehrlichen«

Mann gemacht. Wie Kapitän Smollett bei der etwas unkonventionellen Bestattung eines bis zuletzt treuen Matrosen zu Baron Trelawney sagt: »Das ist vielleicht nicht gerade Theologie, aber es ist Tatsache.«

Nachdem er mehrmals die Seiten gewechselt hat, setzt Silver letztlich doch auf die siegreiche Partei der ehrbaren Schatzsucher um den Doktor und Baron Trelawney. Das Abenteuer endet, wie es solch ein Roman verlangt, an einem Lagerfeuer. »Auch Silver, der etwas abseits fast im Dunkeln saß, schmauste wacker mit, sprang sofort hilfsbereit auf, wenn etwas gewünscht wurde, ja stimmte sogar harmlos in unser Lachen ein – der gleiche sanfte, höfliche, dienstwillige Seemann, der er bei der Ausreise gewesen.« Auf den letzten Seiten des Buchs erzählt Jim den Lesern, was mit den übrigen Figuren geschah. Von Silver hat er nicht gehört, vermutet aber, er lebe wieder behaglich zusammen mit seiner schwarzen Geliebten und seinem Papagei. »Es ist ihm zu wünschen«, sagt Jim, »denn seine Aussichten auf ein behagliches Leben im Jenseits sind recht gering.« Wir Leser fühlen hier eine eigenartige Zuneigung zu dem infamen Piraten, der ein Verräter, Dieb und Mörder war, aber auch ein guter und gerader Mann.

Karagöz und Hacivat

Manche Charaktere funktionieren am besten als Paar: Don Quijote und Sancho Pansa sind ein solches, oder Sherlock Holmes und Dr. Watson. Nur die ersten Abenteuer muss Don Quijote noch allein bestreiten, und auch Sherlock Holmes löst zuweilen Fälle ohne die täppische Hilfe seines treuen Freundes, doch das sind Ausnahmen. Andere Paare sind einfach unzertrennlich. Die Zwillinge Castor und Pollux (Brüder der schönen Helena und der Gattenmörderin Klytämnestra), Wilhelm Buschs Max und Moritz, Hänsel und Gretel oder auch Tweedledee und Tweedledum funktionieren nur als Duo. Zu dieser Kategorie gehört auch die türkische

Version von Punch und Judy, die *frères ennemies* Karagöz und Hacivat.

Die Legende besagt, Karagöz und Hacivat entstanden, als ein armer Bauer dem mächtigen Sultan seine Notlage anschaulich machen wollte. Wie Hamlet entschied er sich dafür, die Dinge lieber auf der Bühne zu zeigen, als offen anzusprechen. Er ließ ein paar Puppen aus Kamelhaut fertigen, mit denen er ein Stück zur Aufführung brachte, das von wiedererkennbaren korrupten Beamten am Hof des Sultans handelte, die ihn betrogen hatten. Dem Sultan gefiel das Schattentheater so gut, dass er den Bauern zum Großwesir ernannte und die überführten Beamten hart bestrafte. Ein anderer Entstehungsmythos will es, dass der Bau einer Moschee in Bursa sich endlos verzögerte, weil zwei der Maurer ihre Kollegen ständig durch Scherze und Possen ablenkten. Der wütende Sultan befahl daraufhin ihre Hinrichtung, doch dank ihrem unvergleichlichen Witz wurden die beiden Hanswurste als ikonisches Figurenpaar im Puppentheater unsterblich.

Die gelehrte Welt hat in der Figur des Karagöz eine Verkörperung des fressenden, furzenden, lüsternen Teils unseres Selbst von der Taille abwärts gesehen, während Hacivat für die oberhalb der Hüfte befindlichen Eigenschaften steht: ein gerissener Verstand und ein temperamentvolles Herz. Die beiden könnten unterschiedlicher nicht sein. Karagöz (Schwarzauge) ist wie Sancho ein einfacher Mann und Analphabet, bauernschlau und nie um ein offenes Wort verlegen. Hacivat hingegen ist kultiviert, diskret, manierlich, verschlagen und egoistisch. Ständig heckt er Pläne aus, wie er schnell reich werden kann, die aber allesamt zum Scheitern verurteilt sind. Hacivat spricht das elaborierte Türkisch des Osmani-

schen Reichs, zitiert klassische Gedichte und versucht Karagöz zu zivilisieren, wie es Don Quijote mit seinem Sancho
macht. Und es gelingt ihm ebenso wenig wie dem Ritter von
der traurigen Gestalt.

Schon in den ältesten Geschichten gibt es solche Gegen-
satzpaare. Im vor über viertausend Jahren geschriebenen Gilgamesch-Epos wird dem tyrannischen König Gilgamesch ein
Begleiter zur Seite gestellt. Der Waldmensch Enkidu lehrt
Gilgamesch, besser auf das Leid seiner Untertanen acht-
zugeben, und macht ihn dadurch zu einem besseren Herrscher. Enkidu hingegen, der sieben Nächte mit der Tempel-
prostituierten Schamhat verbringt, wird von seinem Freund
in die Fallstricke und Konventionen der Kultur eingeführt,
wodurch er viel von seinem ursprünglichen Wissen über die
Natur einbüßt. Im Zuge dieses wechselseitigen Austauschs
werden die beiden ein Liebespaar. Dies trifft zwar nicht auf
Karagöz und Hacivat zu, doch auch ihre Beziehung wird
durch die Spannung erzeugt, wenn zwei unterschiedliche
Welten sich aneinander reiben: das Alte gegen das Neue,
das Sinnliche und der Intellekt, das lüsterne Fleisch und der
schöpferische Geist.

Das unverwechselbare Paar begegnet einer Vielzahl exzent-
rischer Charaktere aus allen Bereichen der multikulturellen
Gesellschaft des Osmanischen Reichs: Denyo der Dummkopf, der gutmütige Efe aus Aydin, der die Schwachen vor
Übergriffen schützt, der opiumsüchtige Tiryaki, der Zwerg
Alti Karis Beberuhi, der Säufer Tuzsuz Deli Bekir, der Pfen-
nigfuchser Civan, die nymphomanische Kanli Nigar sowie
eine Reihe namenloser Charaktere wie der arabische Bettler,
der kein Türkisch spricht, ein schwarzes Hausmädchen, eine

tscherkessische Dienerin, der freche albanische Wächter, ein griechischer Doktor, ein armenischer Bankier, ein jüdischer Juwelier und ein mit aserbaidschanischem Akzent Gedichte aufsagender Perser. Der ganze Nahe Osten zieht auf dieser Bühne vorbei.

Jede Geschichte von Karagöz und Hacivat folgt einem altbekannten Muster. Sie beginnt mit einem »mukaddime« genannten Prolog, in dem Hacivat zum Klang des Tamburins singt oder ein Gebet spricht und dann dem Publikum erklärt, dass er nach seinem Freund Karagöz sucht. Die zwei finden, streiten und zoffen sich, und am Ende trägt keiner von ihnen den Sieg davon. In der letzten Szene macht Hacivat jedes Mal Karagöz den Vorwurf, er habe wieder einmal das Stück ruiniert, worauf ein heuchlerisch reuevoller Karagöz antwortet: »Mögen meine Verfehlungen vergeben werden.« Mit diesem formelhaften Ende erneuert sich die wohltuende Gewissheit, dass ihre Geschichte niemals zu Ende gehen wird. Als fabelhafte Wesen werden sie bis in alle Ewigkeit weiterstreiten. Nietzsche, dem Philosophen der ewigen Wiederkehr des Gleichen, hätte dieses Ende wohl gefallen. Für Albert Camus spiegelte sich in der ewigen Wiederholung die Absurdität des Lebens, was jedoch in seiner Philosophie auch zu einer Art genügsamer Zufriedenheit führt. In diesem Sinn können wir uns Hacivat und Karagöz trotz all ihrer Fehlschläge als glückliche Menschen vorstellen.

Sehen die Türken im ewigen Scheitern der beiden ein Abbild ihrer eigenen Landesgeschichte, in der die eine Hälfte ständig versucht, die andere zu kultivieren, die eine Hälfte stets nach dem Neuen strebt, während sich die andere umso fester an die Traditionen klammert, die auf längst vergangene

Zeiten zurückgehen? »Die Geschichte«, sagte Atatürk, der Vater der modernen Türkei, in einer Rede aus dem Jahr 1933, »ist eine Brücke. Wir müssen zu unseren Wurzeln zurück und wieder versöhnen, was die Geschichte geteilt hat. Das geschieht nicht von alleine. Wir müssen selbst die Hand danach ausstrecken.«

Im ewigen Widerstreit zwischen Karagöz und Hacivat versucht Hacivat – ob aus edlen oder eigennützigen Gründen – wieder und wieder vergeblich, Karagöz die Hand zu reichen. Ob Karagöz die Hand überhaupt ergreifen will, steht auf einem anderen Blatt. In der Zwischenzeit geht ihre gemeinsame Geschichte weiter.

Émile

Rousseau schrieb *Émile oder Über die Erziehung* 1762, im selben Jahr, in dem *Vom Gesellschaftsvertrag oder Prinzipien des Staatsrechts* erscheint. *Émile* lässt sich als eine Art Gesellschaftsvertrag für Kinder lesen. Ersetzen wir »der Mensch« durch »das Kind« in der ersten Zeile des *Gesellschaftsvertrags,* haben wir eine Kurzfassung des *Émile:* »Das Kind ist frei geboren, und überall liegt es in Ketten.« *Émile* ist ein merkwürdiger Zwitter, halb Roman, halb Traktat. André Gide fand das Buch schlichtweg unlesbar. Für andere, geduldigere Leser verdient es insofern Beachtung, als es, anstatt einfach nur die gängigen Erziehungsmethoden zu kritisieren, etwas völlig Neues vorschlägt: kein normiertes Bildungssystem, sondern auf ein Individuum bezogene Regeln.

Rousseau sieht für seinen Zögling Émile fünf pädagogische Schritte vor. Als Erstes soll das von Natur aus gute Kind aus der Gesellschaft herausgenommen werden, damit es sich unbehelligt entfalten kann. Es soll nach Herzenslust die Welt mit allen Sinnen erkunden, ohne Strafandrohung oder Zensur. Dann wird es dazu angehalten, ein Handwerk zu erlernen. Es soll seine Beziehung zu anderen gestalten, was Umgangsformen, Religion, Moral und Sexualität anbelangt. Und schließlich wird der Zögling einem Lebenspartner (bei Émile ist es die brave Sophie) vorgestellt, damit er Vater werden und eigene Kinder großziehen kann. Er habe das Buch »einer guten denkenden Mutter zuliebe begonnen«, schreibt Rousseau in seinem Vorwort. Vielleicht sah er damit die These des Psychoanalytikers Donald Winnicott von der »ausreichend guten Mutter« bereits voraus.

Es ist viele Generationen her, dass Émile Vater und Sophie Mutter wurde. Millionen moderner Émiles gehen ihrem Tagwerk in einer Welt nach, in der sich vieles verändert hat, nicht zuletzt unsere Sicht auf die Kindheit. Niemand glaubt mehr, Émile sei, bloß weil er ein Kind ist, von Natur aus gut, und mehr Rechte als Individuum werden dem Kind letztlich auch nicht zugestanden. »Die Kindheit ist etwas uns vollkommen Unbekanntes – mit den falschen Vorstellungen, die wir davon haben, gehen wir mehr und mehr in die Irre«, schrieb Rousseau bereits im Vorwort. Sogar »die vernünftigsten Leute halten sich an das, was der Mensch wissen muss, ohne zu überlegen, was zu lernen die Kinder imstande sind«. Damals wie heute erwarten wir Erwachsenen von der Jugend, dass sie all die guten Eigenschaften entwickeln soll, die uns selbst fehlen, und gleichzeitig keine unserer Schwächen erbt. Wir erziehen sie in Wahrheit dazu, ein effektives Rädchen im gesellschaftlichen Getriebe zu werden, und trainieren ihr Gehorsam an. Unser Interesse gilt einzig dem, was wir von ihr wollen, wir kümmern uns nicht darum, was sie braucht. Wir fördern ihre Gier, nicht ihren Ehrgeiz, ihre Verschlagenheit, nicht ihre Intelligenz. »Alles, was aus den Händen des Schöpfers kommt, ist gut; alles entartet unter den Händen des Menschen«, bedauert Rousseau zu Beginn des Buchs. Der Mensch »verstümmelt seinen Hund, sein Pferd, seinen Sklaven. Er erschüttert alles, entstellt alles – er liebt die Missbildung, die Monstren. Nichts will er so, wie es die Natur gemacht hat, nicht einmal den Menschen.«

Der heutige Émile lebt in einer heruntergekommenen Sozialwohnung in der Banlieue. Er ist nie heimisch geworden in seiner Umgebung. In den offiziellen Statistiken wird er als Person ohne gültige Papiere geführt – was nur so viel bedeutet, als dass er weder aus Kanada, den USA noch einem europäischen Land kommt. Rousseau liebte botanische Metaphern. Tun wir es ihm also nach und beschreiben wir Émile als eine Pflanze, die in der Erde keine Wurzeln geschlagen hat.

Die Gesellschaft sieht in Émile einzig den Fremden. In der öffentlichen Vorstellung sind er und seine Freunde keine Individuen, sie sind ein soziales Problem. Schon ihre Eltern und Großeltern waren unerwünscht – besaßen aber zumindest den Anstand, den Kopf gesenkt zu halten und zu tun, wie ihnen geheißen, um schließlich still wegzusterben.

Damit ein neuer Émile von Natur aus gut sein kann, muss er als Erstes einmal seine wahre Natur erkennen. Er braucht eine Kultur, in die er hineinwachsen dürfte, doch leider sind die Brücken dürftig. Statt ihn sorgsam anzuleiten, wird Émile mit Werbung und Computerspielen großgezogen, die ihm vormachen, Glück sei käuflich, Gewalt bliebe ohne Konsequenzen und die uralten patriarchalen Werte würden nach wie vor gelten. Die Welt der Waren (lauter Dinge, die er ohne Geld nicht haben kann) gaukelt ihm ein materielles Paradies voll schneller Autos und Frauen in knappen Höschen vor, genau wie in den Rapvideos, die er so gerne sieht. Obwohl er weiß, dass dieses Paradies für ihn unerreichbar ist, fühlt Émile sich von den illusorischen Bildern unwiderstehlich angezogen.

Doch Émile werden nicht nur verführerische Bilder angeboten. Da er in einer Demokratie lebt, gibt es neben der Werbewelt noch die der offiziellen Institutionen, die Émile zu achten hat. Irgendwo versteckt in den grauen, heruntergekommenen Betonburgen, in denen er und seine Freunde ihr Leben fristen, befinden sich renovierungsbedürftige Kindergärten, Schulen, Sportanlagen, Kirchen und Moscheen, Notfallambulanzen und Arbeitsagenturen. Doch Émile bleiben diese fremd, sie erscheinen ihm als Zwinger, als das, was er in den Augen der Oberen verdient: Wie ein Hund soll er darin gehalten werden und auch noch dankbar dafür sein. (Nach der Flutkatastrophe von New Orleans sagte Barbara Bush, die Überlebenden könnten sich glücklich schätzen, nun bessergestellt zu sein als vor dem Hurrikan Katrina.)

Um ein Zeichen zu setzen, um zu beweisen, dass er existiert, um von den Barden der Medien besungen und unsterblich gemacht zu werden und sein Gesicht ein einziges Mal über den Bildschirm flimmern zu sehen, deshalb setzt Émile diese falschen Tempel in Brand. Im Akt der Zerstörung macht sich die Wut über seine Zurückweisung Luft, er erlebt sie als Befreiung. Sie nennen ihn Abschaum? Er wird ihnen zeigen, was dieser Abschaum vermag.

Als Drittes lehrt Rousseau seinen Zögling die Grundlagen eines Handwerks. Heute, in Émiles moderner Welt, ist ein guter Job, überhaupt ein Job, keine Selbstverständlichkeit.

Doch es gibt andere Wege, an die Glück verheißenden Güter heranzukommen. In einer Welt, die ihn Individuum nicht sein lässt, drängt sich die krumme Tour auf. Nicht die ausgeklügelten, millionenschweren Verbrechen internationaler Finanzakteure, sondern grobe Gaunereien wie Drogenhandel und Zuhälterei. Mehr oder weniger bewusst glaubt der heutige Émile wie Jean Genet, dass der Gesetzesbruch (bei einem Recht, das ohnedies nie für ihn galt) ein Weg sein kann, in einer korrupten Gesellschaft sich selbst treu zu bleiben. Es gibt genau zwei Sorten Menschen, heißt es auf der Straße. Jene, die ausrauben, und jene, die ausgeraubt werden. Émile beschließt, zu den Räubern zu gehören, auch weil seine Eltern, wie er glaubt, zu den Ausgeraubten zählten.

Wenn Rousseaus Zögling gelernt hat, seinen Lebensunterhalt zu bestreiten, muss er noch lernen, sich gegenüber seinen Mitbürgern angemessen zu verhalten. In seiner Wohngegend merkt unser moderner Émile sehr schnell, dass die Obrigkeit ihn generell als eine suspekte Person betrachtet – besonders, wenn er schwarz ist. Sie stellen sich nicht die Frage, ob, sondern nur welche Art von Verbrechen er begehen wird. Da er bereits als Außenseiter gebrandmarkt ist, muss er eine Überzeugung finden, die ihm die Legitimation gibt, sich gegen seine Feinde aufzulehnen. Eine Möglichkeit bietet, obwohl er von dem genauen Glaubensbekenntnis nur eine sehr nebulöse Vorstellung hat, der viel propagierte Extremismus. Trotz der Bemühung der Regierung um Ausgleich und Versöhnung sehen Émile und seine Freunde islamistische Gruppen als Alternative zu jener arroganten Kultur, die sie ausschließt. Der Extremismus gibt ihnen die Möglichkeit zur Rebellion gegenüber denjenigen, die nichts von ihnen wissen wollen.

Schließlich wird Émile erwachsen. Er findet seine Sophie, und sie bekommen neue, kleine Émiles. Wird sich zumindest für diese etwas ändern? Wohl kaum. Gefangen in einer Maschinerie, die Konsumenten und nicht Staatsbürger produziert, verdammt zu einem Leben im Schatten der immer gleichen alten, korrupten Männer und Frauen, die sie regieren, liegt die einzige Chance der zukünftigen Émiles darin, sichtbar zu werden. Nicht als Marodeure in den Nachrichten, sondern als Protagonisten des Wandels, als zum Glück befähigte Menschen. Um noch einmal Rousseau zu zitieren: »Es gibt kein vollkommenes Glück auf Erden, aber das größte Unglück, das, was man immer vermeiden kann, ist, aus eigener Schuld unglücklich zu sein.«

Und nochmals Rousseau: »So, wie es im Augenblick steht, würde ein nach seiner Geburt willig sich selbst überlassener Mensch das verbildetste aller Wesen sein. Vorurteile, Autorität, Vorschriften, Beispiel – alle die Einrichtungen der Gesellschaft, in denen wir ertrinken, würden seine Natur ersticken und ihm kein Äquivalent dafür geben.«

Sindbad

Am 4. November 2003 landeten vierzehn kurdische Flüchtlinge und vier indonesische Seeleute mit einem kleinen Schiff auf Melville Island, einer Insel in den Territorialgewässern von Australien, 40 Kilometer nördlich von Darwin, um dort politisches Asyl zu fordern. Der damalige australische Premierminister John Howard entschloss sich zu einem drastischen Schritt: Er strich Melville Island kurzerhand aus dem nationalen Hoheitsgebiet. Diese Maßnahme war aber nicht ganz neu: 2001 hatte die australische Regierung bereits Christmas Island aus dem eigenen Staatsgebiet ausgeschlossen, um mehrere Hundert illegale Migranten auf diese Insel deportieren zu können.

Im 5. Jahrhundert vor Christus wiederum erfand Platon für seinen Entwurf eines Idealstaats eine Insel namens Atlantis, auf der es vor undenkbaren Zeiten eine blühende Stadt gegeben haben soll, bis die Insel vom Meer verschlungen wurde. Dieses Atlantis war der erste Punkt auf der herrlichen Landkarte der imaginären

Orte, die uns ein paar der berühmtesten – wenn auch erfundenen – Destinationen beschert hat: Utopia, das Land Oz, Shangri-La, das nebelverhangene Hochland, in dem die Hogwarts-Schule steht. Weil die Welt, in der wir leben, unserer Einbildungskraft bisweilen enge Grenzen steckt, haben wir immer wieder ferne Orte geschaffen, die – von der trivialen Tatsache abgesehen, dass sie nicht existieren – uns als dankbare Bühne für unsere schlimmsten Albträume wie auch für unsere hochfliegendsten Visionen dienen.

Platon hielt mittels dieser erfundenen Insel, auf der er sein ideales Staatswesen nach Belieben ausgestalten konnte, dem damaligen Athen den Spiegel vor. Seit wir uns am Lagerfeuer Geschichten erzählen, erfinden wir fremde Länder und exotische Orte, wo diese Geschichten spielen könnten. Im Unterschied zu fabulierenden Politikern weiß der Erzähler, dass seine Hirngespinste Form annehmen müssen: Er erfindet die Welt nur neu, um die bestehende Welt klarer zu sehen und besser verstehen zu können. In den Abenteuern von Sindbad dem Seefahrer, wie sie *Tausendundeine Nacht* schildert, werden die Grenzen der Welt neu abgesteckt, indem die Sphären von Land (wo die Geschichten erzählt werden) und See (wo sie spielen) verschwimmen.

Wer »See« sagt, muss auch »Land« denken. Sindbad der Seefahrer ist jener Mann, der an Land nicht mehr heimisch ist, der die Küste flieht und auf der sich stets wandelnden Oberfläche des Meeres eine neue Heimat sucht, nach der sein Herz sich sehnt. Auf festem Grund ist Sindbads Leben friedvoll, gleichförmig, vorhersehbar. Draußen auf See ist es das Gegenteil. In diesem Reich ohne Ballast, wo nur der Horizont ist, kann alles, selbst das Undenkbare geschehen – und geschieht denn auch. Wie Sindbad weiß, müssen wir alle uns ohnedies der Herausforderung des Unbekannten stellen, um uns auf den Tod vorzubereiten, auf die Reise in jenes letzte unbekannte Reich. Also lebt er mit steigender Intensität seine Abenteuer auf hoher See. Sindbad bereitet sich auf den letzten Moment vor, das äußerste Ufer, wo er als Staub der Erde zurückgegeben wird. Aus der Rahmenhandlung wissen wir Leser, wie nah er bereits seinem Ende ist, denn die Erzählung seiner Abenteuer setzt in der 537. Nacht mit einem bereits ergrauten Sindbad ein, der – reich und zur Ruhe gekommen – uns seine Lebensgeschichte erzählt. Dieses friedliche Bild der Einkehr weist auf das Ende voraus.

Bei alledem dürfen wir nicht vergessen, dass es zwei Sindbads gibt. Der Held, den wir beständig vor Augen haben, ist ein Entdecker auf hoher See, mit dem Aussehen von Douglas Fairbanks und der Stimme von Errol Flynn oder Brad Pitt. Daneben aber gibt es noch einen erdgebundenen Sindbad, Sindbad den Lastträger. Ein armer Mann aus dem Volk, den Sindbad der Seefahrer, so erzählt es Scheherazade in dreißig aufeinanderfolgenden Nächten, in sein Haus einlädt, um dem armen Namensvetter von der eigenen abenteuerlichen Reise zu erzählen. Damit Sindbad der Seefahrer existieren kann, muss es auch jenen Sindbad den Lastträger geben, denn erst, wenn die beiden sich von Angesicht zu Angesicht gegenübersitzen, kann sich die Geschichte in der Geschichte entspinnen.

Die sieben Abenteuer von Sindbad dem Seefahrer sind haarsträubend. Den jungen Helden hat es weit hinaus aufs offene Meer verschlagen, als die Insel, auf der er zuvor gelandet ist, sich als ein riesiger Wal entpuppt (eine ähnliche Erfahrung machte der heilige Brendan von Irland). Dann wird er von dem riesigen Vogel Roc in die Wolken hinaufgetragen. Wie sein Vorgänger Odysseus kämpft er gegen Unmengen menschenfressender, einäugiger Giganten und giftiger Schlangen. Er begegnet grässlichen Geistern, die sein Blut trinken wollen. Er wird vom alten Mann des Meeres überwältigt und gezwungen, seinen Häscher auf den Schultern herumzutragen. Diesem glücklich entronnen, wird er von Seeräubern verfolgt, die schließlich, wie später auch er selbst, ein nasses Grab finden. Doch von all dem wüssten wir nichts, gäbe es nicht den anderen, den Erdgebundenen, dem er all dies erzählt.

Die Geschichte von Sindbad ufert auf diese Weise zu einem schier endlosen Meer von Geschichten aus. Sindbad der Seefahrer erzählt sie Sindbad dem Lastträger. Und was dieser vernahm, wird wiedergegeben durch die schlaue Scheherazade, die Erzählerin von *Tausendundeine Nacht.* Scheherazades Geschichten wiederum sind ursprünglich für die Ohren ihrer Schwester Dinharazade bestimmt. Diese Erzählung wird jedoch vom rachsüchtigen König Schahryar belauscht. Was dieser hört, ist schließlich die Geschichte, der auch wir beiwohnen, unser Ohr gepresst an das Schlüsselloch einer Tür, die zu einem langen Korridor voll uralter Echos führt.

Wakefield

Als ich fünf oder sechs war, hatte ich einen wiederkehrenden Tagtraum. Ich stellte mir vor, von einer Bande Landpiraten entführt (aus irgendeinem Grund hatten sie kein Schiff und gingen deshalb zu Fuß) und von ihnen in eine bergige Landschaft verschleppt zu werden, die irgendwie der von Heidis Großvater glich, wo sie mir ihr geheimes Piratenwissen beibrachten. Ich glaube, jeder von uns hat sich schon einmal ein ganz anderes Leben gewünscht, ohne deshalb gleich ein zweiter Walter Mitty zu sein, und manchem bedeutet diese zweite Existenz bald mehr als das Fassadenleben, das wir täglich führen. Der platonische Mythos von dem in zwei Hälften geteilten Kugelmenschen, dessen Teile sich ewig nacheinander sehnen, kommt nicht von ungefähr. Wir sehnen uns nach dem, was wir nicht sein können.

Ein gewisser D. William King erwähnte 1818 in seinen *Anecdotes of His Own Times* einen Gentleman namens Howe, der eines Tages ohne ein Wort der Erklärung seine Frau verließ und viele Jahre später zurückkam. Nathaniel Hawthorne stolperte über diese von King als wahre Begebenheit hingestellte Anekdote und machte daraus eine Kurzgeschichte. Sie trägt denselben Namen wie ihr eigentümlicher Held: *Wakefield.* Darin verlässt Wakefield von einem Tag auf den anderen unter dem Vorwand, eine lange Reise unternehmen zu

müssen, seine Frau und sein angestammtes Leben. Er sucht sich eine Straße weiter eine Unterkunft und »blieb dort über zwanzig Jahre, ohne dass seine Frau oder seine Freunde von ihm hörten und ohne den Schatten eines Grundes für eine solche Selbstverbannung«. Nachdem eine gewisse Zeit vergangen ist, schickt Mrs. Wakefield sich, in der Überzeugung, ihrem Mann müsse ein fataler Unfall zugestoßen sein, »seit langer, langer Zeit in ihren herbstlichen Witwenstand«. Da »trat er eines Abends in die Tür, gleichmütig, als wäre er nur einen Tag fort gewesen, und wurde bis zu seinem Tod ein liebender Gatte«.

In der Erzählung versucht Hawthorne sich auszumalen, wer Wakefield war, bevor er sein gewöhnliches Leben einfach abstreifte, ohne sich weiter Gedanken über die Konsequenzen zu machen. Wakefield ist ein Mann in mittleren Jahren, »die ehelichen Gefühle, auch früher nicht heftig, hatten sich zu einer ruhigen Gewohnheit abgeklärt«. Eigentlich ist er ein verlässlicher Ehemann, »weil eine gewisse Trägheit sein Herz, wo immer es auch sein mochte, im Gleichgewicht hielt«. Sein Denken beschäftigt sich gerne mit langwierigen, trägen Grübeleien, die aber nie zu einem Ergebnis führen. Hätte man seine Freunde gefragt, welcher Mann in London am ehesten dazu geeignet sei, heute ausschließlich gewöhnliche Dinge zu vollbringen, die morgen bereits wieder vergessen seien, hätten sie einstimmig Wakefield gesagt. Einzig seine Frau mochte gezögert haben, ihn zu den gewöhnlichsten Menschen, die je auf Gottes grüner Erde wandelten, zu rechnen, denn ihr wird möglicherweise jene winzige, nicht recht benennbare Sonderlichkeit ihres Mannes aufgefallen sein, eine eigentümliche Gewohnheit, kleine Geheimnisse für sich zu behalten, die kaum der Rede wert sind, in der sich eine leise Form von Eitelkeit und Selbstbezogenheit offenbart. »Selbstsucht«, schrieb Hawthorne in seinen *Notebooks,* sei eine der zur Verführung meist geeigneten Eigenschaften.

Hawthorne fragt sich angesichts der mysteriösen Entscheidung Wakefields, ob nicht »ein unserer Kontrolle entzogener Einfluss seine starke Hand auf jede unserer Taten legt und deren Folgen zum eisernen Gewebe der Notwendigkeit verbindet«. Als Wakefield im zehnten Jahr seiner selbst gewählten Isolation durch Zufall seiner Frau auf einer belebten Straße begegnet, gelingt es ihm nicht, den scheinbar leichten Schritt zurück in sein früheres Leben zu machen. Vielleicht hat Mrs. Wakefield den vagen Eindruck, jemanden oder etwas erkannt zu haben, doch sie geht weiter, während Wakefield blitzartig »die ganze Schäbigkeit seines Daseins eines Sonderlings« offenbar wird. Dennoch macht er nicht den scheinbar kleinen Schritt hin in sein ehemaliges Haus und Leben, sondern ruft mit Leidenschaft: »Wakefield! Wakefield! Du bist wahnsinnig!« Gut möglich, dass er es ist, doch kann uns diese Erklärung nicht zufriedenstellen.

Wahnsinn könnte Wakefields Verhalten zugrunde liegen, doch diese Antwort erklärt nicht die Konsequenzen. Wenn wir eine unerwartete Abbiegung, einen unbeschrittenen Pfad nehmen, der uns von dem anvisierten Ziel abbringt, was ändert sich dadurch in uns und unserer Umwelt? Inwiefern verändert möglicherweise, mit Henry James gesprochen, eine weitere Drehung der Schraube den Weltenlauf? Und selbst, wenn wir beiden Richtungen einer Weggabelung zugleich folgen könnten, würde dadurch wirklich etwas anders?

Es wird erzählt, dass der Sänger Orpheus nach dem Tod

seiner geliebten Eurydike die Götter im Hades um das Unmögliche bat: Seine Geliebte sollte zu ihm zurückkommen dürfen. Die von seinem Gesang bezauberten Götter gewährten ihm den Wunsch unter einer Bedingung. Beim Aufstieg ans Tageslicht dürfe er sich nicht umwenden, um nach der Geliebten zu sehen. Doch was ist das für ein fatales Paradox: Solange er sie nicht gewahrt, ist Eurydike gegenwärtig, und Orpheus' Wunsch scheint erfüllt. Doch sobald er ihrer ansichtig werden möchte, vergeht sie, und er trägt dafür die Schuld. Letztendlich bleibt Orpheus allein und wird zum Ausgestoßenen. Die alten Griechen wussten, dass sich die Vorbestimmung nicht abwenden lässt.

Hawthorne schließt seine Geschichte mit diesen Worten: »In dem scheinbaren Durcheinander unserer mysteriösen Welt sind die Individuen jeweils so gut einem bestimmten System angepasst und die Systeme wieder aneinander und in ein gemeinsames Ganzes, dass ein Mann, der auch nur für einen Augenblick daraus hervortritt, sich der fürchterlichen Gefahr aussetzt, seinen Platz für immer zu verlieren. Gleich Wakefield kann es ihm geschehen, dass er, sozusagen, zum Ausgestoßenen des Universums wird.«

Borges schrieb einmal über Wakefield, dieser sei wie Kafkas tragische Helden durch eine profunde Trivialität ausgezeichnet, die im Kontrast zu der enormen Last seines bösen Schicksals stehe und ihn darum umso hilfloser den Furien überantworte. Wakefields Versuch, das stählerne Gehäuse des Alltags aufzubrechen – wenn auch nur einen Spalt weit –, steht nicht alleine da. In den Chroniken der fliegenden Insel Laputa berichtet Gulliver von einer vornehmen Hofdame, die aus heiterem Himmel ihr ruhiges Leben auf der Insel hinter sich lässt und nach Lagado flieht, in die Hauptstadt des Königreichs. Dort versteckt sie sich mehrere Monate lang, bis der König die Order ausgibt, nach ihr suchen zu lassen. Schließlich findet man sie »ganz in Lumpen in einem zweifelhaften Wirtshaus, nachdem sie alle ihre Kleider zum Pfandleiher getragen hatte, um mit dem Gelde einen Krüppel auszuhalten, der sie jeden Tag verprügelt habe«. E. L. Doctorow hat in einer Kurzgeschichte über Hawthornes Helden – genauso wie Eduardo Berti in seiner Geschichte über Mrs. Wakefield – die Konsequenzen dieser geradezu rebellischen Trivialität ausgelotet, vermittels deren Wakefield den eisernen Lauf der Notwendigkeit (wenn auch nur im Kleinen) aufzubrechen versucht.

Der große Sufi-Mystiker Rumi erzählt die folgende Fabel (die später von W. Somerset Maugham, Jean Cocteau und Frank O'Hara aufgegriffen wurde): Ein junger Mann kommt zu dem Propheten Suleiman und sagt zu ihm: »Ich besuchte deine Stadt, da kam Azrael, der Engel des Todes, und starrte mich an. Ich bitte dich, sende mich in ein anderes Land, denn ich möchte nicht sterben.« Als er das hörte, befahl Suleiman dem Wind, den Mann nach Indien zu tragen. Am gleichen Nachmittag rief Suleiman den Engel Azrael zu sich und fragte ihn: »Warum hast du einen meiner Männer erschreckt, indem du ihn anstarrtest, so dass ich ihn nach Indien fortschicken musste?« Azrael antwortete: »O Prophet, ich habe diesen Mann angestarrt, weil Gott mir befohlen hat, ihn morgen nach Indien zu bringen. Wie überrascht war ich, als ich ihn bereits heute dort durch die Straßen habe wandeln sehen.«

Das nicht gelebte Leben und der ausgeschlagene Pfad bleiben ewige Versuchungen, weil wir glauben, hätten wir nur dieses getan oder jenes unterlassen, wäre alles ganz anders gekommen und wir wären glücklicher, weiser, hätten mehr Liebe und Respekt erfahren.

Doch wahrscheinlich ist dem gar nicht einmal so.

Quellennachweis

Wo nicht anders nachgewiesen, stammen die deutschen Formulierungen vom Übersetzer dieses Buchs. Seitenzahlen in der Folge der Nennungen.

Monsieur Bovary: Gustave Flaubert, *Madame Bovary*. Aus dem Französischen von René Schickele und Irene Riesen. Diogenes Verlag, Zürich, 1979. S. 11, 263, 264, 404, 400

Rotkäppchen: »Das kleine Rotkäppchen«, Charles Perrault, *Märchen* in der Übersetzung der Bertuchschen Ausgabe (1790–1800) überarbeitet von Friedmar Apel. Artemis Verlag, Zürich, 1985. S. 15; »Rotkäppchen«, in *Die schönsten Märchen der Brüder Grimm*. Diogenes Verlag, Zürich, 2005

Dracula: Bram Stoker, *Dracula*. – Große kommentierte Ausgabe, herausgegeben von Leslie S. Klinger, deutsch von Andreas Nohl. Fischer-Tor-Verlag, Frankfurt, 2019

Alice: Lewis Carroll, *Alice im Wunderland*. Insel Verlag, Frankfurt am Main, 1989. S. 67, 16, 17, 125, 108 und *Alice hinter den Spiegeln*, Copyright © der deutschsprachigen Ausgabe Insel Verlag, Frankfurt am Main, 1974. Alle Rechte bei und vorbehalten durch Insel Verlag Berlin. S. 103, 83, 63. Beide aus dem Englischen übersetzt von Christian Enzensberger

Faust: Christopher Marlowe, *Die tragische Historie vom Doktor Faustus*. Dt. Fassung, Nachw. und Anm. von Adolf Seebaß. Reclam Verlag, Stuttgart, 2008; Johann Wolfgang Goethe, *Faust*.

Der Tragödie erster und zweiter Teil. Mit einem Nachwort von Thomas Mann. Diogenes Verlag, Zürich, 1982. S. 353

Gertrud: William Shakespeare, *Hamlet, Prinz von Dänemark,* in: Shakespeares dramatische Werke. Erster Band. Aus dem Englischen von A. W. v. Schlegel und L. Tieck. Diogenes Verlag, Zürich, 1979. S. 138, 114, 222, 117, 178, 177, 202, 222, 144

Superman: Jerry Siegel and Joe Shuster, *Superman* (DC Comics); Georg Bernard Shaw, *Mensch und Übermensch. Eine Komödie und eine Philosophie,* deutsch von Annemarie und Heinrich Böll. Suhrkamp Verlag, Frankfurt am Main, 1992. S. 33–34 und G. K. Chesterton, »How I Found the Superman«, in: *Alarms and Discursions;* Quiet Vision Publisher, 2004

Friedrich Nietzsche, *Also sprach Zarathustra,* in: Werke in drei Bänden. München, 1954, Band 2, Erstdruck: Insel Verlag, Leipzig, 1908. S. 1099

Don Juan: Molière, *Don Juan.* Aus dem Französischen von Arthur Luther. Reclam Verlag, Stuttgart, 1998; Wolfgang Amadeus Mozart und Lorenzo Da Ponte, *Il dissoluto punito, ossia il Don Giovanni.* KV 527; Tirso de Molina, *Don Juan. Der Verführer von Sevilla und der steinerne Gast,* übersetzt und mit einem Nachwort versehen von Wolfgang Eitel. Reclam Verlag, Stuttgart, 1976. S. 77; Lord Byron, *Don Juan.* Sämtliche Werke, Band 3, aus dem Englischen von Adolf Seubert, Winkler Verlag, München, 1977. S. 42

José Zorilla y Moral, »Don Juan Tenorio. Schauspiel in sieben Akten«, in: *Von Liebe und Ehre im spanischen Theater* (kein Hrsg.), übersetzt von Kurt Thurmann. Bouvier, Bonn, 1987. S. 567

Lilith: *The Book of Legends: Sefer Ha-Aggadah; Legends from the Talmud and Midrash,* ed. Hayyim Nahman Bialik and Yehoshua Hana Ravnitzky, trans. William G. Braude (New York, Schocken, 1992); *The Talmud:* A Selection, trans. and ed. Norman Solomon (London, Penguin, 2009)

Der wandernde Jude: Anonym, *Kurze Beschreibung und Erzählung von einem Juden mit Namen Ahasverus Wolfgang.* Suchnach Verlag, Bautzen, 1602; Eugène Sue, *Der ewige Jude.* Europäischer Literaturverlag, Bremen, 2011; Carlo Fruttero und Franco Lucentini, *Der Liebhaber ohne festen Wohnsitz.* Piper Verlag, München, 1990; Jorge Luis Borges, *Der Unsterbliche* in: Werke in 20 Bänden. Herausgegeben von Gisbert Haefs und Fritz Arnold. Band 6: *Das Aleph: Erzählungen 1944–1952,* übersetzt von Karl August Horst und Gisbert Haefs. S. Fischer Verlag, Frankfurt am Main, 1992

Dornröschen: *Die Schöne, die im Walde schlief,* Charles Perrault, *Märchen.* In der Übersetzung der Bertuchschen Ausgabe (1790–1800) überarbeitet von Friedmar Apel, Artemis Verlag, Zürich, 1985; *Dornröschen* in: *Die schönsten Märchen der Brüder Grimm.* Diogenes Verlag, Zürich, 2005

Phoebe: J. D. Salinger, *Der Fänger im Roggen,* übersetzt von Heinrich Böll. Rowohlt Verlag, Reinbek, 1995. S. 234, 31, 52 (2×) 131, 124, 156

Hsing-chen: Kim Man-jung, *The Nine Cloud Dream,* trans. Heinz Insu Fenkl (New York: Penguin, 2019)

Jim: Mark Twain, *Huckleberry Finns Abenteuer.* Mit 64 Bildern von Tatjana Hauptmann. Aus dem Amerikanischen von Lore Krüger. Diogenes Verlag, Zürich, 2010. S. 74, 75, 461 (3×), 49 (2×), 51, 147; Ursula K. Le Guin, »Die Omelas den Rücken kehren«, in: Dies., *Die zwölf Striche der Windrose. Science-Fiction-Erzählungen.* Übersetzt von Margot Kempf. Heyne Verlag, München, 1980. S. 311

Die Chimäre: Homers Werke, Erster Band *Ilias,* aus dem Griechischen von Johann Heinrich Voss. Mit einem Nachwort von Egon Friedell. Diogenes Verlag, Zürich, 1980, S. 99; Hesiod, *Theogonie,* übersetzt von Raoul Schrott, S. Fischer Verlag, Frankfurt am Main 2016. S. 19–20; Robert von Ranke-Graves, *Griechische*

Mythologie. Autorisierte deutsche Übersetzung von Hugo Sein-
feld. Rowohlt Verlag, Reinbek, 2007. S. 230

Robinson Crusoe: Daniel Defoe, *Robinson Crusoe.* Der Text folgt
dem ersten Teil der 1837 bei Karl Erhard in Stuttgart erschienenen
Ausgabe ›Der ächte englische Robinson Crusoe. Nach der ursprünglichen Erzählung Daniel Foe's‹. Diogenes Verlag, Zürich,
1985. S. 113

Queequeg: Herman Melville, *Moby-Dick oder Der Wal.* Deutsch
von Matthias Jendis. Hanser Verlag, München, 2001. S. 112, 738
(2×), 696 (2×), 108, 441, 442 (2×), 114, 273 (2×), 737, 585

Tyrann Banderas: Ramón del Valle-Inclán, *Tyrann Banderas. Roman
des tropischen Amerika.* Übersetzt von Anton Maria Rothbauer.
Goverts Verlag, Stuttgart, 1961

Cide Hamete Benengeli: Miguel de Cervantes Saavedra, *Leben und
Taten des scharfsinnigen Edlen Don Quixote von la Mancha.* Aus
dem Spanischen von Ludwig Tieck. Mit einem Essay von Heinrich Heine und Illustrationen von Gustave Doré. Diogenes Verlag, Zürich, 1987. S. 48, 48–49, 7

Hiob: Job (Bible); Moses Maimonides, *Der Führer der Unschlüssigen,* übersetzt von Adolf Weiß. Felix Meiner Verlag, Hamburg,
1995. S. 91

Quasimodo: Victor Hugo, *Der Glöckner von Notre-Dame.* Deutsch
von Philipp Wanderer. Mit einem Nachwort von Arthur von
Riha. Diogenes Verlag, Zürich, 1985. S. 56 sowie Victor Hugo, *Les
Contemplations,* »Dolor«, livre VI, XVII, Nelson, 1911

Casaubon: George Eliot, *Middlemarch: Eine Studie über das Leben
in der Provinz.* Herausgegeben und aus dem Englischen übersetzt von Melanie Walz. Rowohlt Verlag, Reinbek, 2021. S. 87, 29,
87, 32 (3×), 183, 184, 19 (2×), 691 (2×), 59, 1198, 692 (2×), 130, 545,
548, 96 (3×) (d. h. Alberto Manguel zitiert aus dem 1. Buch Kap. 1,
2, 4, 6, 7 und 19; Kap. 13 aus dem 2. Buch; Kap. 37 aus dem 4.;
Kap. 58 aus dem 5. und das Ende)

Satan: Klaus Berger, *Das Buch der Jubiläen*. Gütersloh Verlagshaus, Gütersloh, 1981

Dante Alighieri, *Die Göttliche Komödie*. Übersetzt von Hermann Gmelin. Reclam Verlag, Stuttgart, 2001. S. 32 (2×), 120, 118 ff.

John Milton, *Das verlorene Paradies*. Aus dem Englischen von Hans Heinrich Meier. Reclam Verlag, Stuttgart, 2020. S. 105; Peter J. Awn, *Satan's Tragedy and Redemption: Iblīs in Sufi Psychology* (Leiden: Brill, 1983) (für Al-Ghazali); Stephen Greenblatt, *Die Geschichte von Adam und Eva: Der mächtigste Mythos der Menschheit*. Siedler Verlag, München, 2018. S. 89, 17 (für Shihab al-Din al-Nuwayri und die Koranexegese); Johann Wolfgang Goethe, *Faust. Der Tragödie erster und zweiter Teil*. Mit einem Nachwort von Thomas Mann. Diogenes Verlag, Zürich, 1982. S. 44

Der Hippogreif: Ludovico Ariosto, *Der rasende Roland*. In: Sämtliche poetischen Werke, Bd. 1–3, übers. v. Alfons Kissner. Propyläen-Verlag, Berlin, 1922. S. 68

Kapitän Nemo: Jules Verne, *Zwanzigtausend Meilen unter Meer*. Aus dem Französischen von Peter G. Hubler und Peter Laneus. Mit einer Karte und sechzig Illustrationen von A. de Neuville und E. Riou sowie einem Nachwort von Peter Costello. Diogenes Verlag, Zürich, 1976. S. 142, 144 (3×), 145, 401 (2×) und Jules Verne, *Die geheimnisvolle Insel*, übersetzt von Daniel Neuner. Impian Verlag, Hamburg, 2018. S. 739, 730

Frankensteins Monster: Mary Shelley, *Frankenstein oder der moderne Prometheus*. Manesse Verlag, Zürich, 1993. S. 97 (2×), 5, 171, 172

Sandmönch: Wu Cheng'en, *Die Reise in den Westen,* übersetzt und herausgegeben von Eva Lüdi Kong. Reclam Verlag, Stuttgart, 2016. S. 580, 31, 713, 24

Jona: *Die Bibel. Altes und Neues Testament.* Einheitsübersetzung. Das Buch Jona. Herder Verlag, Freiburg, 1980. S. 1051

Dona Emilia: José Bento Renato Monteiro Lobato, *A Menina do Narizinho Arrebitado* (Das Mädchen mit der Stupsnase), *O Picapau Amarelo* (Der gelbe Specht) und *Serões de Dona Benta* (Gutenachtgeschichten mit Dona Benta). Monteiro Lobato & Cia 1920–1947

Wendigo: John Robert Colombo, ed., *Windigo: An Anthology of Fact and Fantastic Fiction* (Lincoln: University of Nebraska Press, 1983)

Heidis Großvater: Johanna Spyri, *Heidis Lehr- und Wanderjahre*. Mit vielen Zeichnungen von Tomi Ungerer. Diogenes Verlag, Zürich, 1978, 2000. S. 199, 211, 219

Die kluge Else: *Die schönsten Märchen der Brüder Grimm*. Diogenes Verlag, Zürich, 2005. S. 188

John Silver: Robert Louis Stevenson: *Die Schatzinsel*. Übersetzt von Rose Hilferding, Diogenes Verlag, Zürich, 1979. S. 93, 86, 127, 253, 159, 298, 306

Karagöz und Hacivat: *Selected Stories of Hacivat and Karagöz*, ed. Zeynep Üstün, trans. Havva Aslan (Istanbul: Profil, 2008)

Émile: Jean-Jacques Rousseau, *Emil oder Über die Erziehung*, übersetzt von Eleonore Sckommodau, Reclam Verlag, Stuttgart, 1963. S. 102 (2×), 107, 801, 107 sowie Jean-Jacques Rousseau, *Der Gesellschaftsvertrag oder Grundsätze des Staatsrechts*, Reclam Verlag, Stuttgart, 2011. S. 6

Sindbad: *Tausendundeine Nacht. Die schönsten Geschichten*. Ausgewählt von Silvia Zanovello. Mit einem Nachwort von Iring Fetscher, Diogenes Verlag, Zürich, 1994

Wakefield: Nathaniel Hawthorne, *Das große Steingesicht*. Mit einem Vorwort von Jorge Luis Borges. Aus dem amerikanischen Englisch von Hannelore Neves und Siegfried Schmitz. Büchergilde Gutenberg, Frankfurt, Wien, Zürich, 2007. S. 13, 14 (2×), 15 (2×), 24, 26 (2×), 29

Alcott, Louisa May, *Little Women. Beth und ihre Schwestern,* übersetzt von Inge M. Artl, Coppenrath Verlag, Münster, 2021. S. 193

Thomas von Aquin, *Summa Theologica, Zweiter Teil des Zweiten Teils, Recht und Gerechtigkeit,* übersetzt von den Dominikanern und Benediktinern Deutschlands und Österreichs, Gemeinschaftsverlag, München, Salzburg, 1953. S. 16

Frank Baum, *Der Zauberer von Oz,* übersetzt von Felix Mayer. Anaconda Verlag, Köln, 2019. S. 67, 289

Aristoteles, *Metaphysik. Bücher VII-XIV.* Griechisch-Deutsch, Neuüberarbeitung der Übersetzung von Hermann Bonitz. Felix Meiner Verlag, Hamburg, 2009. S. 289

Aristoteles, *Politik,* übersetzt von Eckart Schütrumpf. Felix Meiner Verlag, Hamburg, 2019, S. 16–19 (Kap 5)

Aurelius Augustinus, *Vom Gottesstaat,* in: Bibliothek der Alten Welt. Übersetzt von Wilhelm Thimme. Band 2. Artemis Verlag, Zürich, 1978. S. 159

Blumenberg, Hans, *Schiffbruch mit Zuschauer.* Suhrkamp Verlag, Frankfurt am Main, 1979. S. 15

Borges, Jorge Luis, »Alexander Selkirk«, in: Jorge Luis Borges, *Die unendliche Bibliothek. Erzählungen, Essays, Gedichte,* herausgegeben und mit einem Nachwort versehen von Alberto Manguel. S. Fischer Verlag, Frankfurt am Main, 2010. S. 430

Browne, Thomas, *Religio Medici,* 1 Bd. Thomas & Sons, London 1940. Hier nach der Übersetzung von Manfred Allié und Gabriele Kempf-Allié in: Alberto Manguel, *Die Bibliothek bei Nacht.* S. Fischer Verlag, Frankfurt am Main, 2007. S. 364

Calderón de la Barca, Pedro, *Das Leben ist ein Traum.* Schauspiel in drei Akten, Nachdichtung von Eugen Günster. Reclam Verlag, Stuttgart, 1995

Choisy, François Timoléon de, *Der Abbé Choisy in Frauenkleidern. Memoiren.* Aus dem Französischen von Julia Kirchner. Insel Verlag, Frankfurt, 1969. S. 83

Douglass, Frederick, *Mein Leben als amerikanischer Sklave.* Aus dem Amerikanischen von Hans-Christian Oeser. Reclam Verlag, Ditzingen, 2022

Die Edda. Aus der Prosa-Edda des Snorri Sturluson und der Lieder-Edda. Übersetzt von Arnulf Krause. C. H. Beck Verlag, München, 2016, S. 183

Eisenstein, Elizabeth L., *Die Druckerpresse: Kulturrevolutionen im frühen modernen Europa.* Aus dem Amerikanischen von Horst Friessner. Springer Verlag, Wien, New York, 1997. S. 250

Eliot, T. S, *Das öde Land.* Aus dem Amerikanischen von Norbert Hummelt. Suhrkamp Verlag, Frankfurt am Main, 2008. S. 10

Euripides, *Fragments,* vol. 7: *Aegeus–Meleager,* ed. and trans. Christopher Collard and Martin Cropp. Cambridge, Harvard University Press, 2008

Flaubert, Gustave, *Bouvard und Pécuchet & Das Wörterbuch der Gemeinplätze.* Aus dem Französischen neu übersetzt von Caroline Vollmann. S. Fischer Verlag, Frankfurt am Main, 2009. S. 380

Goethe, Johann Wolfgang von, *West-östlicher Divan.* Insel Verlag, Frankfurt, 1988, S. 69

Góngora y Argote, Luis de, »Soneto« (Titel bisweilen »A un sueño« oder »Varia imaginación … «), in *Sonetos completos.* Castalia Ediciones, Barcelona, 2020

Gosse, Edmund, *Vater und Sohn. Eine Darstellung zweier Temperamente,* übersetzt von Meret und Hans Ehrenzeller. Manesse Verlag, Zürich, 1973. S. 34–35

Gracián, Baltasar, *Hand-Orakel und Kunst der Weltklugheit.* Aus dessen Werken gezogen von D. Vincencio Juan de Lastanosa und aus dem Spanischen übersetzt und mit einem Vorwort von Arthur Schopenhauer. Mit einem Nachwort von Hugo Loetscher. Diogenes Verlag, Zürich 2003

Grahame, Kenneth, *Der Wind in den Weiden,* (keine Angaben zum Übersetzer). Fränkisch-Crumbach, Edition XXL, 2020. S. 44

Brüder Grimm, *Der Räuberbräutigam in* Kinder- und Hausmärchen 1. Große Ausgabe, Verlag der Dietrichschen Buchhandlung: Göttingen, 1857, S. 211

Hedayat, Sadegh, *Die blinde Eule.* Aus dem Persischen von Bahman Nirumand. Suhrkamp Verlag, Frankfurt am Main, 1997

Homer, *Odyssee.* Werke, Zweiter Band. Aus dem Griechischen von Johann Heinrich Voss. Mit einem Nachwort von Egon Friedell. Diogenes Verlag, Zürich, 1980. S. 71

Hume, David, *Traktat über die menschliche Natur,* übersetzt von Ludwig Heinrich Jakob. Verlag Johann Ernst Mayer, Halle, 1791, Zweites Buch, 11 Abschnitt: Von der Liebe zum Ruhm. S. 81

Ibsen, Hendrik, *Nora oder Ein Puppenheim,* übersetzt von Angelika Gundlach. Suhrkamp Verlag, Frankfurt am Main, 2013. S. 46

Jung, Carl Gustav in *Das Geheimnis der goldenen Blüte. Das Buch von Bewußtsein und Leben.* Aus dem Chinesischen übersetzt und erläutert von Richard Wilhelm, mit einem Kommentar von C. G. Jung. Diedrichs Verlag, Olten 1994. S. 42

Kipling, Rudyard, *Kim,* übersetzt von Hans Reisiger. Deutscher Taschenbuch Verlag, München, 1981. S. 328

Der Koran. Vollständige Ausgabe. Aus dem Arabischen übertragen von Max Henning. Nikol Verlag, Hamburg, 2021. S. 549

Laux, Dorianne, »Superman«, in: *The Book of Men: Poems.* New York, Norton, 2011

Magritte, René, *Sämtliche Schriften.* Hrsg. von André Blavier. Aus d. Franz. von Christiane Müller u. Ralf Schiebler. Hanser Verlag, München, Wien, 1986

Mallarmé, Stéphane, »Seewind«, in: Alfred Neumann, *Alt- und neufranzösische Lyrik in Nachdichtungen.* Band 1. O. C. Recht Verlag, München, 1922. S. 221

Malraux, André, *Der Königsweg.* Aus dem Französischen von Ferdinand Hardekopf. Rowohlt Verlag, Hamburg, 1954. S. 157

Miles, Jack, *Gott im Koran*. Aus dem Amerikanischen von Andreas Wirthensohn. Carl Hanser Verlag, München, 2019

Neruda, Pablo, *20 Liebesgedichte und ein Lied der Verzweiflung*. Übersetzt von Fritz Vogelsang. Luchterhand Verlag, Köln, 2002. S. 51

Nietzsche, Friedrich, *Ecce Homo: Wie man wird, was man ist*. Werke in drei Bänden. München, 1954, Band 2, Erstdruck: Insel Verlag, Leipzig, 1908. S. 1100

Platon, *Der Staat*. Übersetzt von Friedrich Schleiermacher. Wissenschaftliche Buchgesellschaft, Darmstadt, 2019. S. 57 (343a–c) und S. 749 (597b)

Proudhon, Pierre-Joseph, *La Solution du problème social*. Editions-Top/Hervier Trinquier, 2000

Proust, Marcel, *Auf der Suche nach der verlorenen Zeit*. Deutsch von Eva Rechel-Mertens. Suhrkamp Verlag, Frankfurt am Main, 2000. S. 3010

Rulfo, Juan, »Hörst du die Hunde nicht bellen?«, in: Ders. *Der Llano in Flammen. Erzählungen*. Aus dem Spanischen von Mariana Frenk. Suhrkamp Verlag, Frankfurt am Main, 1976. S. 133

Ruskin, John, *Diesem Letzten. Vier Abhandlungen über die ersten Grundsätze der Volkswirtschaft*. Aus dem Englischen von Anna von Przychowski. Eugen Diederichs Verlag, Leipzig, 1902. S. 129

Sade, Donatien Alphonse François de, *Justine oder die Leiden der Tugend*. Insel Verlag, Berlin, 2014

Salomo, König von, *Weinen hat seine Zeit, Lachen hat seine Zeit*. Die großen Dichtungen des weisen Königs Salomo. Diogenes Verlag, Zürich, 1983. S. 111–112

Sartwell, Crispin, *Six Names of Beauty*. London, Routledge, 2004

Sayers, Dorothy L. *Aufruhr in Oxford*. Deutsch von Otto Bayer. Rowohlt Verlag, Reinbek, 1983. S. 195

Scève, Maurice, »La Gorge«, in »*La Gorge« (Les Cinq Blasons)* in: Œuvres complètes. Mercure de France, 1974

Scott, Sir Walter, »Burg Rokeby«. Romantisches Gedicht in sechs Gesängen. Aus dem Englischen von Adam Storck, Johann Georg Heyne Verlag, Bremen, 1822. S. 310

Shakespeare, William, *Romeo und Julia,* in: Shakespeares dramatische Werke. Erster Band S. 33 und *König Lear* in dramatische Werke. Zweiter Band S. 52 sowie *Wie es euch gefällt* in: dramatische Werke. Fünfter Band S. 282. Alle drei übersetzt von A. W. v. Schlegel und L. Tieck, Diogenes Verlag, Zürich, 1979

Stevenson, Robert Louis, »El Dorado«, in: Ders., *Virginibus Puerisque und andere Schriften.* Aus dem Englischen von Klaus Schmirler. Achilla Verlag, Bremen, 1995. S. 171

Swift, Jonathan, *Gullivers Reisen.* Aus dem Englischen von Christa Schuenke. Manesse Verlag, Zürich, 2006. S. 152

Tolstoi, Leo, *Meistererzählungen.* Aus dem Russischen von Arthur Luther, Erich Müller und August Scholz. Diogenes Verlag, Zürich, 1989. S. 153

Veyne, Paul, *Glaubten die Griechen an ihre Mythen? Ein Versuch über die konstitutive Einbildungskraft.* Aus dem Französischen von Markus May. Suhrkamp Verlag, Frankfurt am Main, 1987

Woolf, Virginia, *Zum Leuchtturm.* Aus dem Englischen von Karin Kersten. S. Fischer Verlag, Frankfurt am Main, 1991. S. 9, 10

Yourcenar, Marguerite, *Orientalische Märchen.* Aus dem Französischen von Anneliese Botond und Gerda Keller. Suhrkamp Verlag, Frankfurt am Main, 1988. S. 22

Danksagung

Vielen Dank an meinen ersten Leser und Lektor John Donatich für treffende Hinweise und enthusiastische Unterstützung.

Danke an Danielle d'Orlando, die die Rechte und Lizenzen der Yale University Press betreut, für ihre Hilfe und Geduld.

Mein spezieller Dank geht an meine Lektorin Susan Laity, die alles gegeben hat, um den Fehlerteufel Titivillus in Schach zu halten. Titivillus (Susan wird das ganz sicher überprüfen) trat zum ersten Mal im *Tractatus de penitentia* des Franziskaners Johannes Guallensis (John von Wales) im späten 13. Jahrhundert auf, in dem der Gelehrte diesen Teufel für die vielen Fehler in den Texten seines Scriptoriums verantwortlich machte.

Unendlicher Dank gebührt auch meiner guten Freundin und passionierten Leserin Jillian Tomm, die die nach und nach sich einfindenden Monster inspiziert, ihre Nägel gefeilt, die Haare gekämmt und ihnen das verknitterte Hemd in die Hose gesteckt hat.

Und natürlich wie immer an Craig mit all meiner Liebe.

Einige dieser Monster wurden, in anderer Form, bereits auf Spanisch publiziert. Zunächst in einer limitierten Ausgabe von Del Centro Editores Madrid mit Illustrationen von Antonio Seguí und später von Alizanza Editorial, mit denselben Illustrationen von Seguí.